D1919100

FRIEDRICH DANIEL ERNST SCHLEIERMACHER

Dialektik (1814/15)
Einleitung zur Dialektik (1833)

Herausgegeben von
ANDREAS ARNDT

FELIX MEINER VERLAG
HAMBURG

PHILOSOPHISCHE BIBLIOTHEK BAND 387

CIP-Titelaufnahme der Deutschen Bibliothek

Schleiermacher, Friedrich:
Dialektik : (1814/15). Einleitung zur Dialektik :
(1833) / Friedrich Daniel Ernst Schleiermacher.
Hrsg. von Andreas Arndt. –
Hamburg : Meiner, 1988
(Philosophische Bibliothek ; Bd. 387)
ISBN 3-7873-0721-4

NE: Arndt, Andreas [Hrsg.]; Schleiermacher,
Friedrich: [Sammlung]; GT

© Felix Meiner Verlag GmbH, Hamburg 1988. Alle Rechte, auch die des auszugsweisen Nachdrucks, der fotomechanischen Wiedergabe und der Übersetzung, vorbehalten. Dies betrifft auch die Vervielfältigung und Übertragung einzelner Textabschnitte durch alle Verfahren wie Speicherung und Übertragung auf Papier, Filme, Bänder, Platten und andere Medien, soweit es nicht §§ 53 und 54 URG ausdrücklich gestatten. – Satz: Satzstudio „Süd-West“, Planegg. Druck: W. Carstens, Schneverdingen. Buchbinderische Verarbeitung: R. Himmelheber, Hamburg. Printed in Germany.

INHALT

Friedrich Schleiermacher

Dialektik (1814/15)

EINLEITUNG

I. Enstehung, Entwicklung und Wirkung der Dialektik

Mit seiner Berufung auf den theologischen Lehrstuhl der neugegründeten Berliner Universität 1810 wurde Friedrich Daniel Ernst Schleiermacher (1768–1834) zugleich auch zum Mitglied der philosophischen Klasse der Königlich-preußischen Akademie der Wissenschaften zu Berlin ernannt. Damit wurde nicht nur sein bisheriges philosophisches Werk anerkannt, sondern ihm auch das Recht verliehen, in der philosophischen Fakultät Vorlesungen zu halten. Schleiermacher war bis dahin auf philosophischem Gebiet durch Publikationen (v.a. „Grundlinien einer Kritik der bisherigen Sittenlehre", 1803; Plato-Übersetzungen seit 1804) ebenso hervorgetreten wie durch Vorlesungen zu philosophischen Themen, die er während seiner Hallenser Professur (1804–1806) und während der Vorbereitungsphase der Berliner Universität (1807–1810) gehalten hatte. Zudem bildete die Philosophie als philosophische Theologie einen wesentlichen Bestandteil seines theologischen Systems, das sich als Ganzes wiederum im Gleichgewicht mit der Philosophie befinden sollte.[1] Nach anfänglichem Zögern entschloß sich Schleiermacher, den neugewonnenen institutionellen Rahmen als Akademiemitglied für seine philosophische Tätigkeit zu nutzen und „als Einleitung zu meinen philosophischen Vorlesungen die Dialektik zu versuchen,

[1] Vgl. zu Schleiermachers Philosophie insgesamt Gunter Scholtz: Die Philosophie Schleiermachers. Darmstadt 1984; speziell zu seinen Vorlesungen: Hans-Joachim Birkner: Schleiermacher als philosophischer Lehrer. In: Der Beitrag ostdeutscher Philosophen zur abendländischen Philosophie. Hg. F.B. Kaiser und B. Stasiewski. Köln u. Wien 1983, S. 41–54; zum Verhältnis von Theologie und Philosophie vgl. ders.. Theologie und Philosophie. Einführung in Probleme der Schleiermacher-Interpretation. München 1964.

die mir lange im Kopfe spukt."[2] In bewußter Konkurrenz zu Fichte las er im Sommersemester 1811 die Dialektik mit einem – was die Hörerzahl betrifft – bemerkenswerten Erfolg.[3] Bis 1831 wiederholte Schleiermacher noch fünfmal diese Vorlesung, in der er die Grundlegung seiner philosophischen Systematik entwickelte, und an die er auch Vorlesungen zu anderen philosophischen Disziplinen anschloß, namentlich zur Ethik, Politik, Psychologie, Ästhetik, Hermeneutik und Pädagogik. Eine mehrfach geplante Druckfassung kam nicht zum Abschluß; aus den hinterlassenen Papieren wurde die Dialektik schließlich fünf Jahre nach Schleiermachers Tod von Ludwig Jonas herausgegeben.

Schleiermachers philosophisches Interesse galt vor allem den Problemen der Ethik, einer Disziplin, die er – wie alle besonderen Wissenschaften – in den Gesamtzusammenhang des Wissens einstellen wollte. Bereits in den „Grundlinien" von 1803 forderte er eine „Wissenschaft von den Gründen und dem Zusammenhang aller Wissenschaft".[4] Anders als die wegen ihres Anspruchs von ihm abgelehnte Fichtesche Wissenschaftslehre jedoch sollte die oberste Wissenschaft im Sinne Schleiermachers die obersten Prinzipien als strittig annehmen und sich darauf beschränken, das strittige Gebiet

[2] F. Schleiermacher: Briefwechsel mit J. Chr. Gaß, hg. v. W. Gaß. Berlin 1852, S. 87; ursprünglich hatte Schleiermacher – erfolglos – die Berufung des ihm befreundeten Naturphilosophen Henrich Steffens als Gegengewicht zu Fichte betrieben. Zu Details der hier und im Folgenden nur angedeuteten Entwicklungen und Zusammenhänge vgl. die ausführlichere historische Einleitung in F.D.E. Schleiermacher: Dialektik (1811). Hamburg 1986 (Philosophische Bibliothek 386).

[3] Vgl. C.F. Georg Heinrici: D. August Twesten nach Tagebüchern und Briefen. Berlin 1889, S. 158: „Schleiermacher hat seine Dialektik in dieselbe Stunde verlegt, wo Fichte die Wissenschaftslehre liest. Er scheint es mit Fleiß getan zu haben; wenigstens will er sich auf eine Versetzung der Stunde gar nicht einlassen" (Tagebuch Twestens vom 25.3.1811). Zu der Hörerzahl vgl. Schleiermachers Brief an Gaß vom 11.5.1811: „Ich lese vor sechzig Zuhörern etwa und mag wol, die Mediciner ausgenommen, diesmal das stärkste Auditorium haben" (Briefe Gaß, a.a.O., Anm. 2, S. 94).

[4] F. Schleiermacher: Grundlinien einer Kritik der bisherigen Sittenlehre. Berlin 1803, S. 20.

von einem streitfreien Punkt aus zu „vermessen“.[5] Hiermit ist bereits der Kerngedanke der späteren Dialektik vorweggenommen, mit dem sich Schleiermacher in einen prinzipiellen Gegensatz zu den philosophischen Zeitgenossen des deutschen Idealismus begab, denen er vorwarf, aufgrund eines einseitigen, als gewiß unterstellten Prinzips entweder die Ethik auf Kosten der ihr parallel an die Seite zu stellenden Physik zu akzentuieren (wie Fichte), oder die Physik auf Kosten der Ethik, wie Schelling.[6] Um diese Konsequenzen zu vermeiden, schien es Schleiermacher notwendig zu sein, die Einseitigkeit des idealistischen Prinzips aufzuheben durch die „Vereinigung des Idealismus und Realismus“, die er bereits 1801 als das bezeichnet hatte, „worauf mein ganzes Streben gerichtet ist“.[7] Diesem Bestreben kam das von Schelling seit 1801 entwickelte Identitätssystem insofern entgegen, als es auf die Indifferenz des Idealen und Realen als des höchsten Gegensatzes zielte. Schleiermachers Rezension der Schellingschen „Vorlesungen über die Methode des akademischen Studiums“ (1803), die 1804 erschien, läßt dann auch eine gewisse Annäherung an Schelling erkennen, die in Halle durch die Freundschaft und Zusammenarbeit mit dem Naturphilosophen Henrich Steffens, einem Anhänger Schellings, gefestigt wurde.[8] Schleiermacher nahm u.a. Anteil an der Ausarbeitung von Steffens' „Grundzügen der philosophischen Naturwissenschaft“

[5] Ebd., S. V

[6] Vgl. ebd., S. 487 und „Denkmale der inneren Entwicklung Schleiermachers“. Gesondert paginierter Anhang zu Wilhelm Dilthey: Leben Schleiermachers. Bd. 1. Berlin 1870, S. 139, Nr. 147.

[7] Schleiermacher an Schwarz, 28.3.1801. In: Schleiermachers Briefwechsel mit Friedrich Heinrich Christian Schwarz. Zum Druck vorbereitet von H. Meisner, hg. H. Mulert. In: Zeitschrift für Kirchengeschichte 53 (1934), S. 260f.

[8] Schleiermachers Rezension ist wiederabgedruckt in: Aus Schleiermachers Leben. In Briefen. 4 Bde. Berlin 1860–1863, Bd. 4, S. 579 bis 593; sie war ursprünglich anonym in der Allgemeinen Literatur-Zeitung 1804 erschienen. Zum Verhältnis Schleiermachers zu Schelling insgesamt vgl. Hermann Süskind: Der Einfluß Schellings auf die Entwicklung von Schleiermachers System. Tübingen 1909.

(1806), die er 1811 den Zuhörern seiner ersten Dialektik-Vorlesung als die seinen Ansichten am meisten entsprechende Darstellung empfahl.[9] So konnte er als Vertreter der von Schelling inspirierten Naturphilosophie gelten und mit diesem zusammen genannt werden,[10] auch wenn er sich von Schelling immer darin unterschied, daß ihm die Indifferenz des Idealen und Realen, der Natur und der Vernunft, nur eine werdende ist, die den Gegensatz nie aufzuheben vermag. Von dorther ist auch jeder Bezug des Wissens als Wissen auf das Absolute ausgeschlossen und damit der grundlegende Gegensatz zur Philosophie Hegels bezeichnet.

Der Titel einer „Kunstlehre", den Schleiermacher seit 1811 für die Dialektik in Anspruch nimmt, soll diesen Prozeßcharakter eines nicht-absoluten Wissens zum Ausdruck bringen. Dessen Bedingungen werden im *transzendentalen Teil* der Dialektik erörtert, der als das systematische Zentrum der Schleiermacherschen Philosophie gelten kann. In ihm werden die relativen Gegensätze des Idealen und Realen auf ihre Einheit in einem transzendenten Grund zurückgeführt, der aber – gemäß der Kantischen Restriktion der Erkenntnis – als Idee (Gottes und der Welt) gefaßt wird, die nur rein angeschaut und analogisch repräsentiert wer-

[9] Zur Zusammenarbeit Schleiermachers mit Steffens vgl. Briefe, a.a.O. (Anm. 8), Bd. 4, S. 105ff. sowie das Zeugnis bei Karl August Varnhagen von Ense: Denkwürdigkeiten des eignen Lebens. Bd. 2, Berlin 1871, S. 334, wo es heißt, Steffens' Vorlesungen zeigten „ihren höchsten Werth erst dann, wenn man sie mit den Schleiermacher'schen gleichsam in ein Ganzes verflocht [...] und beide Männer in den Hauptsachen einverstanden und zusammenstimmend, sahen sich gern in diese Gemeinschaft gestellt". Zur Vorlesung 1811 vgl. Twesten: Vorrede. In: Friedrich Schleiermachers Grundriß der philosophischen Ethik. Berlin 1841, S. XCVII.

[10] Heinrici: Twesten, a.a.O. (Anm. 3), S. 142f. und 205. In seiner Berliner Ethik-Vorlesung 1807/08 bekannte sich Schleiermacher fast uneingeschränkt zu Schellings Grundsätzen, wenn er die „reine Philosophie" von der Naturphilosophie her erfassen will und zugleich behauptet, daß über „die Grundsätze der reinen Philosophie [...] alle einig sind". Vgl. Andreas Arndt: Schleiermachers Philosophie im Kontext idealistischer Systemprogramme. In: Archivio di Filosofia 52 (1984), S. 108ff.

den kann, sich aber der begrifflichen Erfassung entzieht.[11] Unter diesen Voraussetzungen erörtert der zweite, *technische oder formale Teil* der Dialektik die Formen des Denkens als Wissen im Blick auf ihre Konstruktion. Auch hier ergibt sich, daß das Wissen nur zu einer provisorischen Totalität in der „Kombination“ induktiver bzw. heuristischer sowie deduktiver bzw. architektonischer Verfahren kommen kann. Indem Schleiermacher von der Endlichkeit alles Wissens ausgeht, das, um ein Wissen zu sein, gleichwohl eines diesem Wissen transzendenten Grundes bedarf, wird die Präsenz dieses Grundes im Wissen des (endlichen) Subjekts zum zentralen Problem seiner Dialektik. An diesem Punkt erfährt die Dialektik in den verschiedenen Bearbeitungsstufen die größten Veränderungen: beschreibt Schleiermacher zunächst das Innewerden des Grundes als „Anschauung“ *oder* „Gefühl“, so bestimmt er schließlich das Gefühl als unmittelbares Selbstbewußtsein, das als Selbstbewußtsein zugleich Bewußtsein der Totalität als der Idee Gottes und der Welt ist. Dieses Theorem, das in Schleiermachers theologisch-dogmatischem Hauptwerk „Der christliche Glaube“ (zuerst 1821/22) in der Bestimmung des religiösen Bewußtseins seine Entsprechung hat, ist seither – nicht zuletzt veranlaßt durch Hegels Polemik gegen die „Gefühlstheologie“ der Glaubenslehre – vielfach und kontrovers interpretiert worden, ohne daß es an provokativer Kraft eingebüßt hätte oder zu eindeutiger Klarheit gebracht worden wäre.[12]

Die Rezeption der Dialektik erfolgte dann auch zumeist im Blick auf die Glaubenslehre zur Erhellung der ihr mutmaßlich zugrundeliegenden spekulativen Prinzipien, und weniger als Dokument einer originalen philosophischen Position. Bis in die Gegenwart ist die Interpretation der Dialek-

[11] Hieran wird deutlich, mit welchem Recht Schleiermacher in seiner Dialektik durchgängig transzendent und transzendental synonym gebraucht.

[12] Vgl. G.W.F. Hegel: Vorrede zu Hinrichs' Religionsphilosophie (1822). In: Werke. Hg. Moldenhauer u. Michel. Bd. 11. Frankfurt a.M. 1970, S. 42ff.

tik vorwiegend Sache der Theologie geblieben. Dennoch haben die philosophischen Positionen Schleiermachers, die in der Dialektik im systematischen Zusammenhang entwikkelt werden, untergründig in der Philosophiegeschichte gewirkt – vermittelt sowohl durch den mündlichen Vortrag Schleiermachers als auch durch die Präsenz dieser Positionen im theologisch-dogmatischen Hauptwerk. Für einen Einfluß Schleiermachers auf die wirkungsmächtige logische Hegel-Kritik A. Trendelenburgs lassen sich ebenso zahlreiche Indizien anführen wie für seine Wirkung im Historismus.[13] Ausdrücklich bezog Ludwig Feuerbach sich in seiner Religionskritik auf Schleiermacher, den er als „eine wesentliche Stütze, die tatsächliche Bestätigung meiner aus der Natur des Gefühls gefolgerten Behauptungen“ in Anspruch nahm.[14] Hierin zeichnet sich eine für die philosophiehistorische Wirkung der Schleiermacherschen Philosophie charakteristische Paradoxie ab: in ihrer Benutzung durch den Materialismus Feuerbachs nicht weniger als in ihrem untergründigen Einfluß auf die logische Hegel-Kritik und den Historismus provozierte sie Wirkungen, die mit den Grundlagen der klassischen idealistischen Philosophie zugleich ihre eigenen unterminierten. Diese Wirkung könnte als Ausdruck der originären Positionen verstanden werden, die Schleiermacher *auf dem Boden des deutschen Idealismus* bezieht: *auf* diesem Feld, „von innen“ heraus und mit den dort vorhandenen Mitteln, den spekulativen Konsequenzen sowohl eines absoluten Wissens, als auch des Subjektivismus einer Begründung des objektiven Wissens durch endliche Subjektivität zu entgehen. Eine historische Interpretation der Dialektik, die Schleiermachers Positionen auf dem Feld der deutschen idealistischen Philosophie nach allen Seiten hin bestimmt und von dorther die Angemessenheit seiner theoretischen Mittel beurteilt, ist noch immer Desiderat.

[13] Vgl. die Einleitung zur Dialektik (1811), a.a.O. (Anm. 2), S. XXXVI ff.

[14] L. Feuerbach: Zur Beurteilung der Schrift ‚Das Wesen des Christentums'. In: (ders.:) Gesammelte Werke. Hg. W. Schuffenhauer. Bd. 9. Berlin (DDR) 1970, S. 230.

II. Die Überlieferung der Dialektik

Schleiermacher las an der philosophischen Fakultät der Berliner Universität insgesamt sechsmal über Dialektik: 1811, 1814/15, 1818/19, 1822, 1828 und 1831. Seit der zweiten Vorlesung hatte Schleiermacher sie als „Dialektik“ bzw. „Grundzüge“ oder „Grundsätze“ der Dialektik angekündigt; lediglich 1811 enthielt die Ankündigung zugleich eine Erläuterung des Begriffs der Dialektik als „Umfang der Principien der Kunst zu philosophiren“ bzw. einen Hinweis auf die Behandlung der Dialektik als „artis philosophandi principiorum summam“. Die Zahl der Zuhörer stieg kontinuierlich von 63 (1811) auf 148 (1831).[15]

Im Zusammenhang mit diesen Vorlesungen entstanden Aufzeichnungen und Entwürfe – zum Teil bereits im Blick auf eine Druckfassung ausgearbeitet –, die Schleiermacher noch vor seinem Tode seinem wissenschaftlichen Nachlaßverwalter Ludwig Jonas anvertraute. Dieser hat Schleiermachers Handschriften in seiner Edition der Dialektik 1839 nahezu vollständig abgedruckt und im Vorwort seiner Ausgabe beschrieben;[16] 1878 veröffentlichte Bruno Weiß dann die Ergebnisse seiner Revision des Nachlasses, aus dem er weitere Manuskripte herausgab.

Die damit bereits vollständig edierten Handschriften Schleiermachers zur Dialektik befinden sich heute (mit geringfügigen Verlusten) im Schleiermacher-Nachlaß im Zentralen Archiv der Akademie der Wissenschaften der DDR, Berlin. Dabei handelt es sich um folgende Materialien:

[15] Für 1814/15 sind keine Zahlen bekannt; 1818/19: 96 Hörer; 1822: 118; 1828: 129. Vgl. Max Lenz: Geschichte der Königlichen Friedrich-Wilhelms-Universität zu Berlin. 4 Bde. Halle 1910, Bd. 1, S. 356; Bd. 2,1, S. 208; ferner die Übersicht in: G. W. F. Hegel: Berliner Schriften 1818–1831. Hamburg 1956, S. 745 ff.

[16] Dial. J, S. VIIf.; Jonas erwähnt auch die von ihm nicht edierten Vorarbeiten Schleiermachers zur Einleitung (1832/33), nicht dagegen das Notizheft zur Dialektik (1811–1818; vgl. Dialektik 1811, Hamburg 1986, PhB 386, S. 69–79), das Bruno Weiß zusammen mit den Vorarbeiten zur Einleitung erstmals edierte (Zeitschrift für Philosophie und philosophische Kritik 73 (1878), Anhang, S. 1–43).

1) Notizen zur 12.–49. Vorlesungsstunde 1811 (AdW der DDR, SN 101; Dial. J, Beilage A).
2) Ein Heft „Dialektik 1814" (AdW der DDR, SN 102; Dial. J, Grundtext).
3) Zettel zur Vorlesung 1818/19 (AdW der DDR, SN 104; Dial. J, Beilage B).
4) Notizheft zur Dialektik 1811–1818 (AdW der DDR, SN 103; Weiß, Beilage G).
5) Ein Heft (AdW der DDR, SN 105) mit Notizen zu den Vorlesungen 1822 (Dial. J, Beilage C) und 1828 (Dial. J, Beilage D).
6) Notizen zur Vorlesung 1831 (AdW der DDR, SN 108; Dial. J, Beilage E).
7) Entwurf und Reinschrift der Einleitung 1833 (AdW der DDR, SN 106; Dial. J, Beilage F).
8) Vorarbeiten zur Einleitung (AdW der DDR, SN 107; Weiß, Beilage H).

Zu diesen Manuskripten treten noch Vorlesungsnachschriften verschiedener Jahrgänge, die im Schleiermacher-Nachlaß im Zentralen Archiv der AdW der DDR sowie in anderen Archiven und Bibliotheken verwahrt werden.

Schon aus der Beschreibung der Manuskripte wird erkennbar, daß Schleiermacher die Dialektik in mehreren Anläufen bearbeitet hat, ohne zu einem Abschluß gelangt zu sein. Vielfach liegen nur stichwortartige Notizen vor, die zunächst der Selbstverständigung dienten. Im Blick auf eine Druckfassung wurden lediglich die kompendienartige Darstellung des unter (2) genannten Heftes und die Einleitung (1833) niedergeschrieben. Das Heft „Dialektik 1814" bietet darüber hinaus als einziger Entwurf mit einer vollständigen Skizze des technischen Teils den gesamten Umfang der Dialektik; auf die Paragraphen dieses Heftes bezog sich Schleiermacher in seinen Notizen bis einschließlich der Vorlesung von 1828. Es wird auch nicht durch die Notizen von 1831 ersetzt, die vielfach auf frühere Vorlesungen Bezug nehmen und zumeist aphoristischen Charakter haben.

Der besonderen Stellung des Heftes „Dialektik 1814" hat Ludwig Jonas dadurch Rechnung getragen, daß er es als Grundtext in den Mittelpunkt seiner Ausgabe rückte und die übrigen Handschriften Schleiermachers als „Beilagen" in einem Anhang abdruckte. Durch die annähernde Vollständigkeit der Dokumentation und die Zuverlässigkeit der Lesungen wurde dabei eine Ausgabe der Dialektik geschaffen, die wohl erst im Rahmen der historisch-kritischen Gesamtausgabe ersetzt werden kann.[17]

Wenn diese Ausgabe dennoch zur Kritik Anlaß geben konnte, dann deshalb, weil Jonas nicht dem selbstauferlegten Anspruch gerecht werden konnte, mit der um Vollständigkeit bemühten zugleich eine Ausgabe „für Weisheit suchende Jünglinge" (Dial. J, S. IX) vorzulegen. Letzterem Zweck sollten die zahlreichen Zusätze aus Nachschriften dienen, die, zusammen mit den Beilagen, den eigentlichen Grundtext überwuchern und die Benutzung der Ausgabe erschweren; demgegenüber bietet das knappe Vorwort keine einführenden Hinweise und Erläuterungen.

Dem Mangel einer auch als Einführung geeigneten Ausgabe der Dialektik suchten zwei Editionen abzuhelfen, die beide mit Unterstützung der Preußischen Akademie der Wissenschaften erschienen und die Isidor Halpern (1903) bzw. Rudolf Odebrecht (1942) besorgten. Beiden gemeinsam ist die Ablehnung einer historisch-kritischen Edition. So schreibt Halpern: „Nicht dem kritisch-historischen Zweck wollte ich dienen, sondern dem sachlichen."[18] Nicht anders Odebrecht: „Der Herausgeber ist nicht Vollzieher eines philologischen Geschäfts, durch das ein Konvolut von verstaubten Zetteln zur allgemeinen Kenntnis gebracht wird, sondern Vermittler und Neugestalter eines philosophisch bedeutsamen Sprachgeschehens."[19] Beide kritisieren, daß

[17] Jonas' Ausgabe ist dabei keine kritische und erhebt auch nicht diesen Anspruch; so weist Jonas ausdrücklich darauf hin, daß die Interpunktion weitgehend auf seine Rechnung geht und eine *Interpretation* darstellt (Dial. J, S. XI).

[18] Schleiermachers Dialektik mit Unterstützung der Königlich Preussischen Akademie der Wissenschaften hg. v. I. Halpern. Berlin 1903, S. XXXIII.

[19] Friedrich Schleiermachers Dialektik. Im Auftrag der Preußischen Akademie der Wissenschaften auf Grund bisher unveröffentlichten Materials hg. v. R. Odebrecht. Leipzig 1942, S. XXII.

Jonas den Entwurf 1814 in den Mittelpunkt gestellt hatte, den sie – mit unterschiedlichen Argumenten – als gegenüber späteren Stufen der Ausarbeitung schwächere Konzeption bezeichnen. Während Halpern unter dem Einfluß seines Lehrers Dilthey den fragmentarischen Entwurf von 1831 bevorzugt und diesen „kompilatorisch" aus anderen Entwürfen ergänzt,[20] betrachtet Odebrecht das „Dialog-Problem" als das „Oszillationszentrum" der Dialektik, das erst in dem Entwurf von 1822 „souverän" werde.[21] Gegenüber Halpern, der mit seinem Verfahren einen synthetischen Text erzeugte und alle Entwicklungsstufen der Dialektik konfundierte,[22] hat Odebrechts Ausgabe den Vorzug, sich auf eine Vorlesung (1822) zu beschränken und den Zugang zu ihr durch den Abdruck eines aus mehreren Nachschriften kompilierten Textes zu erleichtern, dem die Schleiermacherschen Notizen als Fußnoten beigegeben sind. Tatsächlich aber setzt sich auch Odebrecht über den Manuskriptbestand hinweg, indem er die Notizen der Vorlesung 1822 von dem Heft „Dialektik 1814" trennt, auf das sie vielfach verweisen und auf das Schleiermacher offenbar in Passagen des technischen Teils auch unmittelbar zurückging.

III. Zur vorliegenden Ausgabe

1. Zur Gestaltung der Studienausgabe

Den doppelten Zweck, den Jonas mit seiner Ausgabe anstrebte, nämlich sowohl eine Einführung in die Philosophie

[20] Zu Halperns entwicklungsgeschichtlicher Hypothese vgl. dessen Aufsatz: Der Entwicklungsgang der Schleiermacher'schen Dialektik. Eine kritisch-vergleichende Untersuchung. In: Archiv für Geschichte der Philosophie 14 (N.F. 7) (1901), S. 210ff. – Dieselbe Auffassung vertritt Dilthey in dem aus seinem Nachlaß publizierten zweiten Band des „Leben Schleiermachers" (Hg. M. Redeker, Berlin 1966).

[21] Dialektik, hg. Odebrecht, S. XXI.

[22] Halperns Edition hat danach im Rahmen der von Otto Braun und Johannes Bauer besorgten vierbändigen Werkausgabe (Leipzig 1910–1913) einen erheblich gekürzten Wiederabdruck erfahren.

(und speziell die Schleiermachersche) als auch einen vollständigen Überblick über die handschriftlichen Materialien Schleiermachers zur Dialektik zu ermöglichen, wird sich heute keine Edition mehr setzen können. Zur Dialektik Schleiermachers gibt es heute noch weniger als 1839 einen unmittelbaren Zugang; die Vergegenwärtigung seines philosophischen Systementwurfs setzt die historische Aneignung voraus. Eine solche Aneignung kann über die fragmentarische, unfertige und teilweise widersprüchliche Gestalt, in der Schleiermacher die Dialektik hinterlassen hat, nicht einfach hinweggehen. Wenn auch die Interpretation gut beraten sein dürfte, den inneren Zusammenhang der Dialektik nicht im Sinne der Einheit eines in sich geschlossenen Systems zu lesen, so gilt dies erst recht für die Edition der Handschriften.

In dieser Hinsicht ist H. Ritter zuzustimmen, der Jonas' Ansicht kritisiert, „daß die Dialektik Schleiermachers dadurch, daß sie vom Urheber selbst nicht hat vollendet werden können, nur an der künstlerischen Form verloren haben möchte (S. 610). Die Form der Darstellung ist in philosophischen Dingen zu sehr mit dem Inhalte verwachsen, als daß wir die hierbey zum Grunde liegende Unterscheidung zugeben könnten."[23] Im weiteren weist Ritter darauf hin, daß die Schwerverständlichkeit, ja zuweilen auch Unverständlichkeit der Schleiermacherschen Notizen zum Teil auf dessen noch nicht abgeschlossenen Selbstverständigungsprozeß beruhe und nicht durch bloß redaktionelle Maßnahmen zu beheben sei.

Für eine Neuausgabe der Dialektik folgt aus diesem m. E. zutreffend beschriebenen Sachverhalt, daß sie in erster Linie um eine zuverlässige und vollständige Edition der von Schleiermacher hinterlassenen Texte bemüht sein muß. Dies gilt auch für eine Studienausgabe, die zwar Hilfestellungen zum Verständnis geben kann, aber nicht in den überlieferten Manuskriptbestand eingreifen darf, um den Schein einer

[23] H. Ritter: [Rezension Dial. J]. In: Göttingische gelehrte Anzeigen. 1840, S. 1250. Die Seitenangabe im Zitat bezieht sich auf die Dial. J.

in sich gerundeten und „verständlicheren“ Darstellung zu erzeugen. Der leichtere Zugang wäre, wie auch die Ausgaben von Halpern und Odebrecht deutlich machen, durch die Unterstellung fragwürdiger und für den Benutzer an dem ihm vorliegenden Text kaum mehr nachprüfbarer interpretatorischer Vorentscheidungen erkauft.

Die historisch-kritische Edition aller überlieferten Manuskripte Schleiermachers zur Dialektik wird Aufgabe der seit 1980 erscheinenden Kritischen Schleiermacher-Gesamtausgabe sein; die Edition der Vorlesungen, der im Rahmen dieser Ausgabe eine gesonderte Abteilung gewidmet wird, ist jedoch erst für eine spätere Arbeitsphase vorgesehen. Von dorther erscheint es gerechtfertigt, dem wachsenden Interesse an Schleiermachers Philosophie insgesamt und auch an der Dialektik durch eine Studienausgabe zu entsprechen, die – im Unterschied zu der auf dem Markt z.Zt. einzig greifbaren Ausgabe von Odebrecht – so weit wie möglich auf Schleiermachers eigenhändige Aufzeichnungen zur Dialektik zurückgeht und dabei versucht, der komplexen Überlieferung und den Schichten dieses Werkes gerecht zu werden.

Hinsichtlich einer sinnvollen Gliederung und Anordnung der Materialien hatte Georg Wehrung bereits 1920 einen Vorschlag gemacht, der dem Überlieferungsbestand weitgehend Rechnung trägt, nämlich den Entwurf von 1811 für sich voranzustellen, dann die Fassungen von 1814–1828 synoptisch nebeneinanderzuordnen und schließlich die Fassung von 1831 wiederum selbständig folgen zu lassen.[24] Wenn auch eine Synopse der Fassungen 1814–1828 schon vom Druck her nicht machbar erscheint, so ist diesem Vorschlag doch darin zu folgen, daß die Entwicklungsstufen kenntlich gemacht werden sollen. Eine vollständige Dokumentation des Entwicklungsganges der Dialektik ist jedoch Sache der Kritischen Gesamtausgabe; die vorliegende Studienausgabe beschränkt sich daher darauf, die Darstellung

[24] Vgl. G. Wehrung: Die Dialektik Schleiermachers. Tübingen 1920, S. 6.

von 1814, die Schleiermacher bis 1828 ausdrücklich und 1831 zumindest im technischen Teil stillschweigend zugrundelegte, sowie deren Vorstufe, den ersten Entwurf von 1811, zu dokumentieren. Beide Entwürfe werden in gesonderten Bänden veröffentlicht.

Der erste Band bringt zur Vervollständigung der von Jonas mitgeteilten fragmentarischen Notizen Schleiermachers Auszüge aus einer Nachschrift August Twestens zur Vorlesung 1811; der so rekonstruierte Gang der Vorlesung wird ergänzt durch das 1878 von B. Weiß als „Beilage G" veröffentlichte Notizheft Schleiermachers zur Dialektik 1811–1818 sowie die Lehnsätze zur Dialektik in Schleiermachers Ethik 1812/13.[25] Der hier vorliegende zweite Band bietet mit dem Heft „Dialektik 1814" und der Einleitung von 1833 diejenigen Manuskripte, die Schleiermacher (wenn auch zu verschiedenen Zeitpunkten) im Blick auf einen Druck der „Dialektik" niedergeschrieben hat. Mit diesem Heft von 1814/15 wird der für die Vorlesungen bis 1828 maßgebende Entwurf in den Mittelpunkt gestellt; die späte Fassung der Einleitung macht aber auch die Veränderungen deutlich, die Schleiermachers Ansatz in diesem Zeitraum erfahren hat.

2. Die Vorlesung 1814/15 und das Heft „Dialektik 1814"

Zu Schleiermachers Vorlesung 1814/15 gibt es kaum Zeugnisse. In den Lektionskatalogen der Berliner Universität wurde die Vorlesung unter dem Titel „Dialektik", ohne weiteren Zusatz, angekündigt. Schleiermacher las dieser Ankündigung zufolge „fünfmal wöchentlich von 5–6 Uhr Abends." Wieviele Studenten die Vorlesung besuchten, ist nicht bekannt; Heinrich Ritter, der zu den Hörern zählte, erwähnt lediglich den Besuch der Vorlesungen sowie die

25 Friedrich Schleiermacher: Dialektik (1811). Hamburg 1986 (PhB 386).

Tatsache, daß er dazu eine Nachschrift angefertigt habe.[26] Der Verbleib dieser Nachschrift ist unbekannt; ebensowenig weiß man von der Existenz anderer Nachschriften zu dieser Vorlesung. Bereits Ludwig Jonas hatte auffälligerweise einzig für 1814/15 keine Nachschrift zur Verfügung. So kommt als Quelle vorerst allein das Schleiermachersche Manuskript, d.h. das Heft „Dialektik 1814" in Betracht.

Dieses Heft besteht aus 140 (archivalisch paginierten) Seiten 4°; die Paginierung beginnt mit dem Titelblatt. Dieses enthält, ebenfalls von Schleiermachers Hand, unter dem Titel „Dialektik 1814" folgende Zusätze: „angefangen d. 24t. Oct. 1814/geendigt d 18. März. 1815./1818 angefangen d. 19t. Oct./geendet d./1822 angefangen d. 15. April in 5 Stunden/wöchentlich". Das Heft wird heute im Zentralen Archiv der Akademie der Wissenschaften der DDR, Nachlaß Schleiermacher, unter der Signatur 102 verwahrt.

Schleiermacher hat das Manuskript, nach seinem Brief an Gaß vom 29.10.1814 zu urteilen,[27] wenigstens zum Teil

26 Vgl. Ritter: Rezension, a.a.O. (Anm. 23), S. 1249f. – Die Dialektik erschien als 2. Teilband des vierten Bandes der dritten Abteilung („Zur Philosophie") im Rahmen der „Sämmtlichen Werke" Schleiermachers; der erste Teilband umfaßte die von Ritter herausgegebene „Geschichte der Philosophie". Um so auffälliger ist es, daß Ritter seine Nachschrift der Vorlesung 1814/1815 Jonas nicht zur Verfügung stellte.

27 Briefe Gaß, a.a.O. (Anm. 2), S. 121: „Zur Dialektik schreibe ich mir nun (d.h. hintennach) vorläufige Paragraphen auf, welches doch die erste Vorbereitung zu einem künftigen Compendium ist." In einem Brief an Blanc vom 27. Dezember desselben Jahres heißt es: „Ich arbeite an der Ethik, was aber freilich sehr langsam vor sich geht, weil ich zu gleicher Zeit bei Gelegenheit des Lesens die erste lateinische Vorarbeit mache zu meiner Edition des Paulus, und außerdem meine Dialektik in eine solche Ordnung schriftlich bringe, daß wenn ich noch einmal darüber gelesen habe, ich sie dann auch für den Druck bearbeiten kann" (Briefe 4, a.a.O., Anm. 8, S. 203). Den fertigen Entwurf – mit großer Wahrscheinlichkeit das in 346 Paragraphen gegliederte Heft „Dialektik 1814" oder Teile dieses Heftes – schickte Schleiermacher seinem Freund Gaß nach Breslau. Ein Begleitschreiben Schleiermachers ist nicht überliefert, sondern nur der Brief Gaß', mit dem dieser das Heft am 31.3.1816 zurückschickte: „Dankbar überschicke ich Dir durch Herrn H. das Heft der Dialektik

nach der Vorlesung ausgearbeitet; gleichwohl kennzeichnete er die Vorlesungsstunden mit römischen Ziffern am Rande des Heftes. Demnach umfaßten die einzelnen Vorlesungsstunden folgende Paragraphen: 1 (1–10); 2 (11–18); 3 (19–29); 4 (30–42); 5 (43–51a); 6 (51b–56); 7 (57–59); 8 (60–75); 9 (76–85); 10 (86–93); 11 (94–106); 12 (107 bis 112); 13 (113–119); 14 (120–127); 15 (128–132); 16 (133–137); 17 (138–147); 18 (146–156); 19 (157 bis 166); 20 (167–169); 21 (170–174); 22 (175–176); 23 (177–179,2); 24 (179,3–182); 25 (183–184); 26 (185 bis 188, Leitsatz); 27 (188,1–192); 28 (193–194,2); 29 (194,3–197, Leitsatz); 30 (197, Erläuterung –198); 31 (199–202); 32 (203–206); 33 (207–211); 34 (212–213); 35 (214–215); 36 (216–217); 37 (218–220); 38 (221 bis 222); 39 (223–225); 40 (226–227); 41 (228–229); 42 (Techn. Teil 1–6); 43 (7–9,4 Mitte); 44 (9,4–11,1); 45 (11,2–14); 46 (15–17); 47 (18–21); 48 (21, Erläuterung, zweiter Absatz –23, Erläuterung, Mitte); 49 (23–25); 50 (26–28); 51 (29–33); 52 (33, Erläuterungen zu § 31; 1–6); 53 (33, Erläuterungen zu § 31; 7–34, Leitsatz); 54 (34 bis 39); 55 (40–41); 56 (42–44,1, Mitte); 57 (44–48); 58 (49 bis 50); 59 (51–53); 60 (54–58); 61 (59–60,1); 62 (60,2 bis 61); 63 (62–65); 64 (66–67); 65 (68–69); 66 (70–71); 67 (72–74); 68 (75–78); 69 (79–84); 70 (85–88); 71 (89 bis ?). – Die Zugehörigkeit der Schleiermacherschen Zählung zur Vorlesung 1814/15 wird auch schon dadurch gesichert, daß bei der Ziffer 37 zusätzlich der Vermerk steht: „d 2ten Jan. 1815."

Schleiermacher hat das Heft in 229 Paragraphen der Einleitung und des ersten (transzendentalen), sowie in 116 Paragraphen des zweiten (technischen) Teils gegliedert, wobei

zurück, mein theurer Freund. Ich habe bei aller sonstigen Noth noch Zeit gefunden, es aufmerksam zu lesen und mir sogar eine kurze Uebersicht des Inhalts zu machen, und danke Dir herzlich auch für diese Belehrung. Im zweiten Theil ist mir Einiges dunkel geblieben, worüber Du meine Ungelehrigkeit nicht schelten mußt. Worauf es ankommt, glaube ich doch eingesehen zu haben und mag Dir nun auch das Heft nicht länger vorenthalten" (Briefe Gaß, a.a.O., Anm. 2, S. 160).

er im ersten Teil die Nummern 31 und 51, im zweiten Teil die Nummer 102 irrtümlich doppelt gezählt hat.[28] Diese Paragraphen haben die Gestalt von Leitsätzen, zu denen insbesondere im transzendentalen Teil (ab § 86) z.T. ausführlichere Erläuterungen, gewöhnlich in kleinerer Handschrift treten. Diese Zusätze entfallen seit dem § 82 des technischen Teils, obwohl der von Schleiermacher zwischen den Leitsätzen gelassene Leerraum anzeigt, daß auch hier Erläuterungen vorgesehen waren.

Das Heft enthält eine Reihe von Randbemerkungen, die nach den Untersuchungen von Weiß und Odebrecht größtenteils zu den Vorlesungen 1818/19 und 1828 gehören.[29] Jonas hatte diese Randbemerkungen – wenn auch unvollständig und im einzelnen mit irreführenden Zuordnungen – in seiner Ausgabe mit abdrucken lassen. In der vorliegenden Studienausgabe, die den im Zusammenhang mit der Vorlesung 1814/15 erarbeiteten Entwurf Schleiermachers dokumentiert, bleiben die Randbemerkungen unberücksichtigt. Abgedruckt werden nur Zusätze, die Schleiermacher durch Verweiszeichen eindeutig als Bestandteile des Textes gekennzeichnet hat; da es sich aber auch hierbei um nachträgliche Zusätze handeln kann, wird in diesen Fällen der Manuskriptbefund in einer Anmerkung nachgewiesen. Die vollständige Darbietung der Randbemerkungen (die im übrigen noch nicht abschließend datiert sind) wird ebenso Aufgabe der Kritischen Gesamtausgabe bleiben müssen wie die Mitteilung der bei diesem Heft außerordentlich aufschlußreichen Varianten, die zum Teil nicht nur redaktioneller Natur sind, sondern auch inhaltliche Alternativen deutlich machen, die Schleiermacher erwogen hatte.

[28] Sie werden in der vorliegenden Ausgabe jeweils durch den Zusatz „a" bzw. „b" unterschieden. – Jonas hat die Paragraphen des technischen Teils an die Zählung des ersten Teils angeschlossen und kommt so auf 346 Paragraphen, während hier die Schleiermachersche Zählung beibehalten wird.

[29] Vgl. Weiß: Untersuchungen über Friedrich Schleiermacher's Dialektik. In: Zeitschrift für Philosophie und philosophische Kritik 73 (1878), S. 14ff. und bes. 22–25; Dial. O, S. XXVIIIf.

3. Die Einleitung zur Dialektik (1833)

Neben den im Zusammenhang mit seinen Vorlesungen entstandenen Notizen und Entwürfen hat Schleiermacher das Fragment einer Reinschrift der Einleitung zur Dialektik und Vorarbeiten hierzu hinterlassen.[30] Diese Manuskripte sind mit großer Wahrscheinlichkeit 1832/33 entstanden; die wohl älteste Vorarbeit (Ha) befindet sich auf der Rückseite eines die „Gesetzlose Gesellschaft“ betreffenden Zirkulars von Schleiermachers Hand, das auf den 18.2.1832 datiert ist; die Notizen einer anderen Vorarbeit (Hc) stehen auf der Rückseite einer Anmeldung zur Taufe vom 8.10. 1832. Mit den Arbeiten an der geplanten Druckfassung der Dialektik dürfte Schleiermacher daher nicht vor dem 18.2. 1832 begonnen haben; daß wenigstens die ersten Aufzeichnungen 1832 erfolgten, wird durch einen Eintrag in Schleiermachers Notizbuch für 1832 wahrscheinlich, wo am Ende der den Dezember betreffenden Notizen zu lesen ist: „An der Dialektik ist in den Ferien sehr wenig geschehen.“[31] Am 23. Februar 1833 notierte Schleiermacher schließlich:

[30] Das Reinschriftfragment (AdW der DDR, SN 106/2) umfaßt 16 Bl. 4°; es ist gedruckt Dial. J, S. 568–604 als Beilage F; Dial. O, S. 5–37. Aus einer der Vorarbeiten, einem zusammenhängenden Entwurf des Reinschriftfragments, hat bereits Jonas (Dial. J, S. 604 bis 610) Ergänzendes mitgeteilt. Weiß hat die Vorarbeiten erstmals vollständig als Beilage H herausgegeben (a.a.O., Anm. 16, S. 18–43), wobei er sechs Texteinheiten als Ha–Hf unterscheidet; vgl. auch die Auswertung und den teilweisen Wiederabdruck dieser Manuskripte in Dial. O, S. 3; 470–484. – Von den Vorarbeiten befinden sich im Schleiermacher-Nachlaß noch Hd, der oben erwähnte Entwurf des Reinschriftfragments (AdW der DDR, SN 106/1), sowie Ha, Hc und He (AdW der DDR, SN 107). Nach den Feststellungen von Weiß und Odebrecht sind Ha, Hb und Hc Vorarbeiten zu dem Entwurf des Reinschriftfragments (Hd), He und Hf dagegen Vorarbeiten für die Reinschrift; vgl. Weiß: Untersuchungen, a.a.O. (Anm. 29), 1. Teil (1878), S. 25ff.; Dial. O, S. 467ff.

[31] AdW der DDR, SN 452, S. 56.

„Predigten und Dialektik vorbereitet.“[32] Auch am 9.3. („Predigt Dialektik (aber nichts neues)“ und 23.3. („Predigt und Dialektik“) finden sich Eintragungen zur Dialektik, bevor Schleiermacher im April mit der Reinschrift beginnt (14.4.: „Dialektik ins reine angefangen“; 2.4.: „ebenso mit viel Störungen“; 4.4.: „Dialektik den ersten § beendigt“). Weitere Belege finden sich zwischen dem 13. und 24. April 1833; mit dem Beginn des Sommersemesters – nach seinem Notizbuch begann Schleiermacher die Vorlesungen am 29.4. – kam die Arbeit wohl ins Stocken; im Mai vermerkte Schleiermacher noch dreimal Arbeit an der Dialektik (11., 25. und 28.5.), dann erst wieder am 3. Oktober, noch während der Rückreise von Skandinavien nach Berlin („Etwas Dialektik“).

Das Reinschriftfragment ist demnach am 1. April 1833 begonnen und wohl kaum über den Mai hinaus fortgesetzt worden. Weitere Arbeiten an der Dialektik lassen sich anhand der Notizkalender nicht belegen. Nach der Rückkehr von seiner Skandinavienreise schrieb Schleiermacher am 6.11.1833 an seinen Stiefsohn Ehrenfried von Willich: „Könnte ich nur erst einige Geschäfte los werden, um noch manche literarische Arbeit zu fördern; es will sich aber noch nicht thun lassen.“[33] Der Wunsch, die Dialektik noch zum Abschluß zu bringen, bewog Schleiermacher angesichts seines Alters und seines Gesundheitszustandes zu einer Änderung der Publikationspläne. Beim Reinschriftfragment hatte sich Schleiermacher der formalen Gestaltungsprinzipien seiner Dogmatik bedient, indem er thesenartige Leitsätze in ausführlichen Erläuterungen begründete und entwickelte. In einem von Jonas erinnerten Gespräch vom 4.2. 1834[34] teilte Schleiermacher dagegen mit, er wolle die Dia-

[32] AdW der DDR, SN 453; die in der Einleitung zur Dialektik 1811 (Hamburg 1986, PhB 386, Anm. 100, S. LIf.) zitierten Eintragungen zur Arbeit am Reinschriftfragment finden sich im Notizkalender für 1833 und nicht für 1832, wie dort irrtümlich angegeben. Von dorther ist die Datierung des Reinschriftfragments zu korrigieren.

[33] Briefe 2, a.a.O. (Anm. 8), S. 508.

[34] Vgl. Weiß: Untersuchungen, a.a.O. (Anm. 29), S. 13.

lektik nunmehr in der Form der Enzyklopädie (also seiner „Kurzen Darstellung des theologischen Studiums zum Behuf einleitender Vorlesungen") veröffentlichen, d.h. im thesenartigen Stil eines Kompendiums, der bereits das Heft „Dialektik 1814" kennzeichnet. Schleiermachers Tod am 12.2.1834 verhinderte die Realisierung dieses Planes.

4. Editorische Notiz

Die Wiedergabe der Texte erfolgt nach den Handschriften in der jeweils erkennbaren letztgültigen Textgestalt des Manuskripts. Eingriffe des Herausgebers in den Textbestand sind (außer bei den hier genannten, stillschweigend zu behandelnden Fällen) als solche kenntlich gemacht. Dem Charakter dieser Studienausgabe entsprechend, die eine historisch-kritische Ausgabe nicht ersetzen kann und soll, wurde auf die Mitteilung von Varianten grundsätzlich verzichtet.

Abkürzungen – soweit sie heute nicht mehr gebräuchlich sind –, Kontraktionen und Chiffren (z.B. Θ für Gott) wurden stillschweigend aufgelöst, wobei die übliche Schreibweise Schleiermachers zugrundegelegt wurde. In Zweifelsfällen wird der Bestand des Manuskripts nachgewiesen.

Die Orthographie und Interpunktion in den Handschriften wurde grundsätzlich beibehalten. Lediglich wo das Zeilenende oder das Ende eines Absatzes eindeutig das Satzzeichen vertritt, wurde dieses stillschweigend gesetzt.

Hervorhebungen in den Handschriften werden einheitlich durch S p e r r u n g wiedergegeben.

Textkritische Anmerkungen des Herausgebers werden durch hochgestellte Ziffern gekennzeichnet und als Fußnote auf der jeweiligen Seite unterhalb des Textes wiedergegeben. In diesen Anmerkungen bezeichnet „H" die jeweils zugrundeliegende Handschrift.

Seitenwechsel im Manuskript wird durch einen senkrechten Strich | angezeigt; Zeilenbruch durch einen Schrägstrich /.

Alle Zutaten des Herausgebers innerhalb der Wiedergabe

von Handschriften sind durch eckige Klammern [ ] gekennzeichnet.

Unterschiedliche Gestaltung der Zwischenüberschriften durch Schleiermacher hinsichtlich der Interpunktion und Hervorhebung wird stillschweigend vereinheitlicht.

Dem Zentralen Archiv der Akademie der Wissenschaften der DDR danke ich für vielfältige und hilfreiche Unterstützung bei der Arbeit im Archiv ebenso wie für die Erlaubnis, das Ergebnis der Kollationen hier veröffentlichen zu dürfen. Ein besonderer Dank gilt weiterhin dem Leiter der Schleiermacher-Forschungsstelle Berlin, Kurt-Victor Selge, der das Projekt dieser Ausgabe fortgesetzt gefördert hat, sowie meinem Kollegen an dieser Forschungsstelle, Wolfgang Virmond, für seine Hilfe und Unterstützung auch bei der Fertigstellung dieses Bandes. Frau Isabelle Lüke danke ich für die sorgfältige Herstellung des Typoskripts und engagierte Unterstützung beim Lesen der Korrekturen.

AUSWAHLBIBLIOGRAPHIE

1. Schleiermachers Werke und Briefe

Sämmtliche Werke [SW]. I. Abt. Zur Theologie. II. Abt. Predigten. III. Abt. Zur Philosophie. Berlin 1834–1864.

Werke. Auswahl in vier Bänden. Hg. O. Braun/J. Bauer. Leipzig 1910 bis 1913.

Kritische Gesamtausgabe [KGA]. Hg. H.-J. Birkner/G. Ebeling/H. Fischer/H. Kimmerle/K.-V. Selge. Berlin/New York 1980ff.

Briefwechsel mit J. Chr. Gaß. Hg. W. Gaß. Berlin 1852.

Aus Schleiermacher's Leben. In Briefen. 4 Bde. Bd. 1 und 2 Berlin [1]1858, [2]1860. 3 und 4 Berlin 1861–1863.

2. Ausgaben der Dialektik

[Dial. J] Dialektik. Aus Schleiermachers handschriftlichem Nachlasse hg. von L. Jonas. Berlin 1839 (= SW III, 4, 2; Literarischer Nachlaß. Zur Philosophie 2, 2).

Beilage G und H der Dialektik von Friedrich Schleiermacher. Zur Ergänzung der Jonas'schen Ausgabe aus Schleiermacher's handschriftlichem Nachlasse hg. von Bruno Weiß. In: Zeitschrift für Philosophie und philosophische Kritik 73 (1878), Anhang, S. 1–43.

Schleiermachers Dialektik mit Unterstützung der Königlich Preussischen Akademie der Wissenschaften hg. von Dr. I. Halpern. Berlin 1903.

Dialektik (nach der Ausgabe von Halpern, Berlin 1903). In: Werke. Auswahl in vier Bänden. Hg. O. Braun/J. Bauer. Bd. 3. Leipzig o.J., S. 1–117.

[Dial. O] Friedrich Schleiermachers Dialektik. Im Auftrage der Preußischen Akademie der Wissenschaften auf Grund bisher unveröffentlichten Materials hg. von Rudolf Odebrecht. Leipzig 1942.

Dialektik (1811). Hg. Andreas Arndt. Hamburg 1986 (Philosophische Bibliothek 386).

3. Sekundärliteratur

Die zur Zeit ausführlichste Bibliographie zu Schleiermachers Werken und der Schleiermacher-Literatur bieten die unten angeführten Arbeiten von T.N. Tice. An Gesamtdarstellungen zu Leben und Werk Schleiermachers sei auf Diltheys „Leben Schleiermachers“ sowie die Arbeiten von Redeker, Osculati und Kantzenbach verwiesen. Eine Einführung in die Philosophie Schleiermachers stellt das Werk von Scholtz (1984) dar, das eine Auswahlbibliographie speziell philosophischer Literatur enthält und S. 5ff. auch auf Artikel über Schleiermacher in Philosophiegeschichten hinweist.

Adriaanse, Hendrik Johan: Schleiermacher als Philosoph. In: Nederlands Theologisch Tijdschrift 35 (1981), S. 326–334.

Arndt, Andreas: Unmittelbarkeit als Reflexion. Voraussetzungen der Dialektik Friedrich Schleiermachers. In: Internationaler Schleiermacher-Kongreß Berlin 1984. Hg. K.-V. Selge. Bd. 1. Berlin/New York 1985, S. 469–484.

Barth, Ulrich: Christentum und Selbstbewußtsein. Versuch einer rationalen Rekonstruktion des systematischen Zusammenhanges von Schleiermachers subjektivitätstheoretischer Deutung der christlichen Religion. Göttingen 1983.

Bender, Wilhelm: Schleiermachers Theologie mit ihren philosophischen Grundlagen dargestellt. Bd. 1: Die philosophischen Grundlagen der Theologie Schleiermachers. Nördlingen 1876.

Birkner, Hans-Joachim: Theologie und Philosophie. Einführung in Probleme der Schleiermacher-Interpretation. München 1974.

—: Schleiermacher als philosophischer Lehrer. In: Der Beitrag ostdeutscher Philosophen zur abendländischen Philosophie. Hg. F.B. Kaiser, B. Stasiewski. Köln/Wien 1983, S. 41–54.

Bobertag, Reinhold: Schleiermacher als Philosoph. In: Protestantische Kirchenzeitung 8 (1961) 1089–1099.

Brandt, Richard B.: The Philosophy of Schleiermacher. The Development of His History of Scientific and Religious Knowledge. New York 1941.

Braniß, Christlieb Julius: Ueber Schleiermachers Glaubenslehre, ein kritischer Versuch. Berlin 1824.

Bratuschek, Ernst: Friedrich Schleiermacher. In: Philosophische Monatshefte 2 (1868), S. 1–22.

Brodbeck, Adolf: Einleitung in die Philosophie. Mit Zugrundelegung von Schleiermachers Dialektik dargestellt. Tübingen 1881.

Camerer, Theodor: Spinoza und Schleiermacher. Die kritische Lösung des von Spinoza hinterlassenen Problems. Stuttgart und Berlin 1903.

Cohn, Jonas: Theorie der Dialektik. Formenlehre der Philosophie. Leipzig 1923 (bes. S. 44–50).

Cramer, Konrad: Die subjektivitätstheoretischen Prämissen von Schleiermachers Bestimmung des religiösen Bewußtseins. In: Friedrich Schleiermacher 1768–1834. Theologe, Philosoph, Pädagoge. Hg. D. Lange. Göttingen 1985, S. 129–162.

Crouter, Richard: Hegel und Schleiermacher at Berlin. A Many Sided Debate. In: Journal of the American Academy of Religion 48 (1980), S. 19–43.

Debus, J.: Dialektik, Schleiermacher. In: Historisches Wörterbuch der Philosophie 2, Darmstadt 1972, Sp. 194–196.

Demange, Pierre: La conscience de soi, lieu du mystère du monde chez Schleiermacher. In: Studi Internationali di Filosofia 8 (1976), S. 133–134.

Dembowski, Hermann: Schleiermacher und Hegel. In: Neues Testament und Christliche Existenz. Festschrift Herbert Braun, Tübingen 1973, S. 115–141.

Dilthey, Wilhelm: Leben Schleiermachers. Bd. 1. Berlin [1]1870. [Nur in dieser Auflage ein gesondert paginierter Anhang: Denkmale der inneren Entwicklung Schleiermachers, erläutert durch kritische Untersuchungen.]

–: Leben Schleiermachers. Bd. 1,1.2. Hg. Martin Redeker. Berlin 1970.

–: Leben Schleiermachers. Bd. 2,1.2. Schleiermachers System als Philosophie und Theologie. Hg. Martin Redeker. Berlin 1970.

Dilthey, Wilhelm/Yorck von Wartenburg, Paul Graf: Briefwechsel 1877–1897. Halle 1923.

Eckert, Michael: Gott – Glauben und Wissen. Friedrich Schleiermachers Philosophische Theologie. Berlin/New York 1987.

Elster: Ueber den religionsphilosophischen Gehalt der Schleiermacherschen Dialektik. In: Zeitschrift für Kirchliche Wissenschaft und Kirchliches Leben 1 (1880), S. 312–316.

Fichte, Immanuel Hermann: J.G. Fichte und Schleiermacher. Eine vergleichende Skizze (1846), in: ders.: Vermischte Schriften zur Philosophie, Theologie und Ethik. Leipzig 1869, Bd. 1, S. 339 bis 379.

Flückiger, Felix: Philosophie und Theologie bei Schleiermacher. Zürich 1947.

Frank, Manfred: Das individuelle Allgemeine. Textstrukturierung und -interpretation nach Schleiermacher. Frankfurt a.M. 1977.

Gadamer, Hans-Georg: Schleiermacher als Platoniker (1969). In: (ders.:) Kleine Schriften. Bd. 3, Tübingen 1972, S. 141–149.

Gaß, Wilhelm: Schleiermacher als Philosoph. In: Philosophische Monatshefte 12 (1877), S. 257–277.

George, Leopold: Princip und Methode der Philosophie mit besonderer Rücksicht auf Hegel und Schleiermacher. Berlin 1842.

Glockner, Hermann: Hegel und Schleiermacher im Kampf um Religionsphilosophie und Glaubenslehre. In: Deutsche Vierteljahrsschrift für Literaturwissenschaft und Geisteskultur 8 (1930), S. 233–259.

Halpern, Isidor: Der Entwicklungsgang der Schleiermacher'schen Dialektik. Eine kritisch-vergleichende Untersuchung. In: Archiv für Geschichte der Philosophie 14 (N.F. 7) (1901), S. 210–272.

Hartmann, Nicolai: Die Philosophie des deutschen Idealismus. Teil 1: Fichte, Schelling und die Romantik. Berlin/Leipzig 1923 (S. 233 bis 273).

Herms, Eilert: Herkunft, Entfaltung und erste Gestalt des Systems der Wissenschaften bei Schleiermacher. Gütersloh 1974.

–: Die Ethik des Wissens beim späten Schleiermacher. In: Zeitschrift für Theologie und Kirche 73 (1976), S. 471–523.

Hoenderdaal, Gerrit Jan: Friedrich Schleiermacher als Filosoof. In: Allgemeen Nederlands Tijdschrift voor Wijsbegeerte en Psychologie 60 (1968), S. 65–88.

Hubig, Christoph: Modifikation – Schleiermachers Fassung des Möglichkeits-Wirklichkeitsverhältnisses in seiner Bedeutung für die Hermeneutik, Dialektik und Ethik. In: Internationaler Schleiermacher-Kongreß Berlin 1984. Hg. K.-V. Selge. Bd. 1. Berlin/New York 1985, S. 499–511.

Irrlitz, Gerd: Friedrich Schleiermacher, der Universitätsmann und Philosoph. In: Internationaler Schleiermacher-Kongreß Berlin 1984. Hg. K.-V. Selge. Bd. 2. Berlin/New York 1985, S. 1121 bis 1144.

Kantzenbach, Friedrich Wilhelm: Friedrich Daniel Ernst Schleiermacher. Hamburg 1967.

Kaulbach, Friedrich: Schleiermachers Theorie des Gesprächs. In: Die Sammlung 14 (1959), S. 123–132.

–: Schleiermachers Idee der Dialektik. In: Neue Zeitschrift für systematische Theologie und Religionsphilosophie 10 (1968), S. 225 bis 260.

Kimmerle, Heinz: Die Hermeneutik Schleiermachers im Zusammenhang seines spekulativen Denkens. Phil. Diss. Heidelberg 1957 (masch.).

–: Das Verhältnis Schleiermachers zum transzendentalen Idealismus. In: Kant-Studien 51 (1959/60), S. 410–426.

–: Schleiermachers Dialektik als Grundlegung theologisch-philosophischer Systematik und als Ausgangspunkt offener Wechselseitigkeit.

In: Internationaler Schleiermacher-Kongreß Berlin 1984. Hg. K.-V. Selge. Bd. 1. Berlin/New York 1985, S. 39–59.

Kliebisch, Udo: Transzendentalphilosophie als Kommunikationstheorie. Eine Interpretation der Dialektik Friedrich Schleiermachers vor dem Hintergrund der Erkenntnistheorie Karl-Otto Apels. Bochum 1980.

Krapf, Gustav Adolf: Platonic Dialectics and Schleiermacher's Thought: an Essay towards the Reinterpretation of Schleiermacher. Yale University Ph.D. 1953.

Leo, P.: Schleiermacher's philosophische Grundanschauung nach dem metaphysischen Theile seiner Dialektik dargestellt. Phil. Diss. Jena 1868.

Lewis, Albert C.: H. Grassmann's 1844 ‚Ausdehnungslehre' and Schleiermacher's ‚Dialektik'. In: Annals of Science 34 (1977), S. 103–162.

Lipsius, Richard Adelbert: Studien über Schleiermacher's Dialektik. In: Zeitschrift für wissenschaftliche Theologie 12 (1869), S. 1–62; 113–154.

Mann, Gustav: Das Verhältnis der Schleiermacher'schen Dialektik zur Schelling'schen Philosophie. (Phil. Diss. München 1914). Stuttgart 1914.

Mehl, Paul Frederick: Schleiermacher's mature Doctrine of God as formal in the Dialektik of 1822 and the second Edition of the Christian Faith (1830–31). Columbia University Ph.D. 1961.

Michelet, Carl Ludwig: Geschichte der letzten Systeme der Philosophie in Deutschland von Kant bis Hegel. Bd. 2. Berlin 1838 (bes. S. 46–114).

Moretto, Giovanni: Etica e storia in Schleiermacher. Napoli 1979.

Odebrecht, Rudolf: Das Gefüge des religiösen Bewußtseins bei Fr. Schleiermacher. In: Blätter für Deutsche Philosophie 8 (1934/1935), S. 284–301.

—: Der Geist der Sokratik im Werke Schleiermachers. In: Geistige Gestalten und Probleme. Festschrift Eduard Spranger. Leipzig 1942, S. 103–118.

Oettingen, Alexander von: Spinozas Ethik und der moderne Materialismus. In: Dorpater Zeitschrift für Theologie und Kirche 7 (1865), S. 297–316.

Oranje, Leendert: God en Wereld. De vraag naar het transcendentale in Schleiermachers ‚Dialektik'. Amsterdam 1968.

Osculati, Roberto: Schleiermacher. L'uomo, il pensatore, il christiano. Brescia 1979.

Pohl, Karl: Studien zur Dialektik F. Schleiermachers. Phil. Diss. Mainz 1954 (masch.)

–: Die Bedeutung der Sprache für den Erkenntnisakt in der „Dialektik" Friedrich Schleiermachers. In: Kant-Studien 46 (1954/1955), S. 302–332.

Potępa, Maciej: Hermeneutik und Dialektik bei Schleiermacher. In: Internationaler Schleiermacher-Kongreß Berlin 1984. Hg. K.-V. Selge. Bd. 1. Berlin/New York 1985, S. 485–497.

Quäbicker, Richard: Über Schleiermachers erkenntnistheoretische Grundansicht, ein Beitrag zur Kritik der Identitätsphilosophie. Breslau 1871.

Redeker, Martin: Friedrich Schleiermacher. Berlin 1968.

Reuter, Hans-Richard: Die Einheit der Dialektik Friedrich Schleiermachers. Eine systematische Interpretation. München 1979.

Rintelen, Fritz Joachim von: Schleiermacher als Realist und Metaphysiker. Versuche über seine philosophische Dialektik. In: Philosophisches Jahrbuch 49 (1936), S. 223–254.

Ritter, Heinrich: [Rezension Dial. J] In: Göttingische gelehrte Anzeigen, 1840, S. 1249–1279.

–: Die christliche Philosophie nach ihrem Begriff, ihren äußeren Verhältnissen und ihrer Geschichte bis auf die neuesten Zeiten. Bd. 2. Göttingen 1859 (bes. S. 747–812).

Rothert, Hans-Joachim: Die Endlichkeit des Menschen bei Schleiermacher. Eine systematische Untersuchung zur Dialektik aus dem unmittelbaren Selbstbewußtsein. Theol. Diss. Tübingen 1954 (masch.).

–: Die Dialektik Friedrich Schleiermachers. Überlegungen zu einem noch immer wartenden Buch. In: Zeitschrift für Theologie und Kirche 67 (1970), S. 183–214.

Sannwald, Adolf: Der Begriff der ‚Dialektik' und der Anthropologie: Eine Untersuchung über das Ich-Verständnis in der Philosophie des Deutschen Idealismus und seiner Antipoden. In: Forschungen zur Geschichte und Lehre des Protestantismus. Bd. 4. München 1931 (bes. S. 147–171).

Sauter, Gerhard: Die ‚Dialektische Theologie' und das Problem der Dialektik in der Theologie. In: Erwartung und Erfahrung. München 1972, S. 108–146 (bes. S. 123ff.).

Schaller, Julius: [Rezension Dial. J] in: Hallische Jahrbücher für deutsche Wissenschaft und Kunst 181–185 (1839) 1441–1444, 1449 bis 1472, 1476–1480.

–: Vorlesungen über Schleiermacher. Halle 1844 (bes. S. 134–180).

Schmidt, E. [Rezension Dial. J] in: Litterarischer Anzeiger für christliche Theologie und Wissenschaft überhaupt (1840), Nr. 44–48, S. 345–348, 353–376, 383f.

Schmidt, Paul: Spinoza und Schleiermacher. Die Geschicke ihrer Systeme und ihr gegenseitiges Verhältniß. Ein dogmengeschichtlicher Versuch. Berlin 1868.

Scholtz, Gunter: Die Philosophie Schleiermachers. Darmstadt 1984.

—: Schleiermachers Dialektik und Diltheys erkenntnistheoretische Logik. In: Dilthey-Jahrbuch 2. Göttingen 1984, S. 171–189.

Schütte, Hans-Walter: Das getröstete Denken. Zu Schleiermachers Dialektik. In: Friedrich Schleiermacher 1768–1834. Theologe, Philosoph, Pädagoge. Hg. D. Lange. Göttingen 1985, S. 72–84.

Schütz, R.: Die Prinzipien der Philosophie Schleiermachers. Phil. Diss. Berlin 1908.

Sigwart, Christoph von: Schleiermachers Erkenntnistheorie und ihre Bedeutung für die Grundbegriffe der Glaubenslehre. In: Jahrbücher für Deutsche Theologie 2 (1857), S. 161–327; (ders.:) Schleiermachers psychologische Voraussetzungen, insbesondere die Begriffe des Gefühls und der Individualität, ebd., S. 829–864, Reprint Darmstadt 1974.

Spiegler, Gerhard: Between Relativity and Absolutism: A Study of Problematic Dimensions in the Dialektik and Dogmatic of Friedrich Schleiermacher. Ph.D. Chicago 1961.

—: Theological Tensions in Schleiermacher's ‚Dialektik'. In: Journal for Theology and the Church 7 (1968), S. 13–46.

Strüning, Horst-Dieter: Die Dialektik in F. Schleiermachers Philosophie. Phil. Diss. Bonn 1973.

Süskind, Hermann: Der Einfluß Schellings auf die Entwicklung von Schleiermachers System. Tübingen 1909.

Thiel, John E.: God and World in Schleiermacher's ‚Dialektik' and ‚Glaubenslehre'. Criticism and Methodology of Dogmatics. Bern/Frankfurt a.M./Las Vegas 1981.

Thomsen, Nicolaus: Die Schleiermacher'sche philosophische Grundansicht, dargestellt und erörtert. In: Theologische Mitarbeiten 3 (1840), S. 39–122.

Tice, Terrence Nelson: Schleiermacher Bibliography. With Brief Introductions, Annotations and Index. Princeton, N.J. 1966.

—: Schleiermacher Bibliography. Corrections, New Information and Comments. Princeton, N.J. 1985.

—: Schleiermacher Bibliography (1784–1984). Princeton, N.J. 1985.

Tissot, David: La dialectique de Schleiermacher. In: Revue de Théologie et de Philosophie 33 (1900), S. 156–157; 294–301; 512 bis 543; 34 (1901), S. 333–341.

Todt, Bernhardt: Schleiermachers Platonismus. (Programm des Königl. Gymnasiums Wetzlar für das Schuljahr 1881/82.) Wetzlar 1882.

Ueberweg, Friedrich: System der Logik und Geschichte der logischen Lehren. Bonn ^{3}1868 (^{1}1865) (bes. Vorrede, §§ 33 und 34).

Ungern-Sternberg, Arthur von: Die Begegnung von Theologie und Philosophie bei Schleiermacher in seiner Reifezeit. In: Zeitschrift für Theologie und Kirche NF 14 (1933), S. 289–349.

–: Freiheit und Wirklichkeit. Schleiermachers philosophischer Reifeweg durch den deutschen Idealismus. Gotha 1931.

Vorländer, Franz: Schleiermachers Sittenlehre ausführlich dargestellt und beurtheilt mit einer einleitenden Exposition des historischen Entwicklungsganges der Ethik überhaupt. Marburg 1851 (bes. S. 90–128).

Wagner, Falk: Schleiermachers Dialektik. Eine kritische Interpretation. Gütersloh 1974.

Wehrung, Georg: Die Dialektik Schleiermachers. Tübingen 1920.

Weiß, Bruno: Untersuchungen über Friedrich Schleiermacher's Dialektik. In: Zeitschrift für Philosophie und philosophische Kritik 73 (1878), S. 1–31 und Anhang, S. 1–43; 74 (1879), S. 30–93; 75 (1879), S. 250–280; 76 (1880), S. 63–84.

Weiße, Christian Hermann: [Rezension Dial. J], in: Jahrbücher für wissenschaftliche Kritik. Berlin (1839), Bd. 2, Nr. 81–83, 641 bis 664.

–: Die philosophische Literatur der Gegenwart. Erster Artikel. Schleiermacher. Hegel. Steffens. In: Zeitschrift für Philosophie und spekulative Theologie 6 (1840), S. 267–309 (bes. S. 269–290).

Weissenborn, Georg: Vorlesungen über Schleiermachers Dialektik und Dogmatik. Teil 1.2. Leipzig 1847/1849.

Welker, Michael: Friedrich Daniel Ernst Schleiermacher: Universalisierung von Humanität. In: Grundprobleme der großen Philosophen. Hg. J. Speck. Philosophie der Neuzeit 3. Göttingen 1983, S. 9–45.

Wils, Jean-Pierre: Sittlichkeit und Subjektivität. Zur Ortsbestimmung der Ethik im Strukturalismus, in der Subjektivitätsphilosophie und bei Schleiermacher. Freiburg i. Ue./Freiburg i. Br./Wien 1987 (bes. S. 384–415).

Wrzecionko, Rudolf: Die metaphysische Bedeutung der Gefühlstheorie in Schleiermacher's Dialektik. Phil. Diss. Breslau 1890.

FRIEDRICH DANIEL ERNST SCHLEIERMACHER

DIALEKTIK (1814/15)

EINLEITUNG ZUR DIALEKTIK (1833)

DIALEKTIK 1814 |

Einleitung

1. Jede gemeinschaftliche Untersuchung leidet am Anfang durch die schwere Aufgabe einen Anknüpfungspunkt zu finden.

2. Am meisten die gegenwärtige, weil der Gegenstand derselben gar nicht außerhalb der Untersuchung vorhanden ist also beide Eins und dasselbe sind.

3. Dialektik muß irgendwie die Principien des Philosophirens enthalten.

4. Philosophiren heißt im engern Sinne die Philosophie d.h. den innern Zusammenhang alles Wissens machen.

5. Alles Philosophiren im weitern Sinne von einzelnen Dingen aus findet nur statt so lange die Philosophie nicht fertig ist.

6. Philosophie ist also das höchste Denken mit dem höchsten Bewußtsein.

7. Ich kann nicht von der Voraussezung ausgehen daß sie schon philosophirt hätten weil ich sonst mit Polemik oder Apologie anfangen müßte

8. Wenn ich nun von der ausgehe daß sie noch nicht, wie soll ich über den Gegenstand mit ihnen reden?

9. Diese Schwierigkeit drükt die Philosophie überhaupt da doch jeder sein Philosophiren mittheilen soll und darum ist sie nur im Werden und Gestalten aus dem Chaos heraus.

10. Demohnerachtet muß jeder wissenschaftliche philosophiren weil sonst sein Wissen | nur ein traditionelles sein kann; aber keiner soll bloß philosophiren weil er sonst in todtem Formelwesen Scholastik oder in unreifen Grübeleien Mystik vergehen muß.

11. Es giebt ein allmähliges Aufsteigen des Bewußtseins (a) von den verworrenen Wahrnehmungen des Kindes durch (b) die Traditionelle Auffassung wissenschaftlicher Elemente zur (c) Philosophie oder vollkommnen Entwiklung des Bewußtseins.

12. Die realen Wissenschaften scheinen zwar zwischen b und c zu liegen; allein Wissen ist doch jedes nur in wiefern es von Philosophie durchdrungen ist.

13. Jedes einzelne Wissen hängt auf eine zwiefache Weise vom Philosophischen ab; in wiefern es sich auf früheres Wissen bezieht als Verknüpfung und in wiefern es sich auf einen Gegenstand bezieht als den innersten Gründen des Wissens und seines Zusammenhanges mit dem Sein unterworfen.

14. Die Regeln der Verknüpfung wenn man sie wissenschaftlich besizen will, sind nicht von den innersten Gründen des Wissens zu trennen. Denn um richtig zu verknüpfen kann man nicht anders verknüpfen als die Dinge verknüpft sind, wofür wir keine andere Bürgschaft haben als den Zusammenhang unseres Wissens mit den Dingen.

15. Die Einsicht in die Natur des Wissens als auf die Gegenstände sich beziehend kann sich in nichts anderem aussprechen und verkörpern als in den Regeln der Verknüpfung. Denn Sein und Wissen kommen | nur vor in einer Reihe von verknüpften Erscheinungen.

16. Also Logik, formale Philosophie, ohne Metaphysik, transcend[entale] Philosophie ist keine Wissenschaft und Metaphysik ohne Logik kann keine Gestalt gewinnen als eine willkührliche und fantastische.

a. Man kann also auch nicht Logik den andern Wissenschaften voranschiken und Metaphysik hinten drein.

b. Man kann nicht sagen daß die Trennung so vom Aristoteles gemacht ward.

17. Unsere Untersuchung sucht also eine Form und einen Namen, und findet den der Dialektik, als Principien der Kunst zu philosophiren.

18. Alle Wissenschaft will Kunst werden und alle Kunst Wissenschaft, und zwar desto mehr je höher jede steht auf ihrer Seite. Also muß die höchste Wissenschaft auch Kunst sein.

19. Im Allgemeinen ist alles eigentliche Wissen aus einem Handeln hervorgegangen und allem kunstmäßigen Handeln ist ein Wissen im weitren Sinne vorangegangen.

a. Es giebt Zustände des Bewußtseins die mehr aus einem Leiden als Handeln entstanden sind; aber diese sind kein Wissen, welches nur auch auf dem sinnlichen Gebiet durch gewolltes und besonnen auseinandergelegtes Aufmerken entsteht.

20. Jeder Act des Bewußtseins ist also je mehr er ein Wissen ist, um desto mehr ein gewolltes Hervorbringen, also aus Kunst her.

21. Die Philosophie existirt noch nicht als Wissenschaft, weil eine Darstellung die andere aufhebt und also in keiner die beiden Elemente der Natur des | Wissens auf eine allgemeingültige Weise vorhanden sind.

Vergleichung mit den Differenzen in andern Wissenschaften.

22. Wenn jeder seine Philosophie für die höchste Wissenschaft hält: so ist das löblich als Beweis der festen Überzeugung, aber tadelhaft in so fern es ohne Akrisie nicht stattfinden kann.

23. Es ist anmaßend unmittelbar Philosophie als Wissenschaft vorzutragen und ungehörig sie denen vorzutragen für welche theils der wissenschaftliche Zustand vorübergehend ist oder welche doch zunächst und überwiegend im realen Wissen leben sollen.

24. Das Einbilden der beiden philosophischen Elemente in die realen Denkacte ist Kunst weil die Tendenz zu denselben im Produciren bewußt muß zum Grunde gelegen haben.

25. Jedes reale Wissen ist ein Kunstwerk in so fern die beiden philosophischen Elemente als ein allgemeines in einem einzelnen als Denkact dargestellt werden.

26. Die Principien dieser Kunst muß Jeder inne haben der auch nur auf dem Gebiet des realen Wissens fortleben will.

27. Wie einer künstlerisch sittlich handeln und über dieses Handeln sich besinnen kann ohne die Sittlichkeit als Wissenschaft zu haben: so auch künstlerisch Wissen produciren ohne das Wissen als Wissenschaft zu haben.

28. Wie aber jener auf dem Wege ist zur Wissenschaft der Ethik, und sie ihm aufgehen kann: so sind auch wir auf dem | Wege zur Philosophie als Wissenschaft und zwar ganz, weil beide Theile der höchsten philosophischen Wissenschaft formal und transcendental im Produciren des Wissens vorkommen.

29. Wie die philosophische Kunst aber freilich erst vollendet wird mit der Wissenschaft und umgekehrt: so ist auch jedes einzelne reale Wissen erst als solches bei der Vollendung der philosophischen Kunst und Wissenschaft vollendet.

30. Das Fortschreiten der philosophischen Kunst ist ein Annähern zur Philosophie als Wissenschaft so wie das Besinnen über das sittliche Princip eine Annäherung zur ethischen Wissenschaft ist.

31a. Man kann sagen es ist ein Sprung in der Entwiklung vom reflectiren über die Kunst zur Philosophie als Wissenschaft, wie ein Sprung ist vom traditionellen Auffassen zum eigentlichen Wissen.

31b. Aber wie in diesem Gebiet so auch in jenem bereitet das erste dem zweiten vor; man kann also sagen die Uebung in der philosophischen Kunst sei das nur noch latitirende und unbewußte Leben der Philosophie als Wissenschaft.

32. Wenn in andern Künsten und auch auf dem sittlichen Gebiet man die Theorie und selbst die wissenschaftliche Anschauung haben kann ohne die Ausübung: so ist dasselbe hier nicht möglich weil hier der Trieb selbst auf das Wissen geht.

33. Man kann also sagen daß in der Philosophie Kunst und Wissenschaft in einer gegenseitigen Approximation zu

einander sind; aber auch daß beides zwei verschiedene Arten sind dasselbe Princip zu haben.

34. Wenn also Kunst und Wissenschaft in der Philosophie | neben einander gehen: so ist ihr Anfang da wo ein minimum oder eigentlich Nullpunkt von beiden ist, welches aber nur heißen kann wo die Philosophie noch nicht selbstständig sondern in einem andern involvirt ist.

35. Die Philosophie ist ursprünglich gemischt mit den Producten der Fantasie als der andern Form des höchsten Princips, in welcher Mischung weder Wissenschaft also ist noch auch philosophische Kunst.

36. Aus diesem Zustand kann sie nun mehr als Kunst oder mehr als Wissenschaft heraustreten welches der wesentliche Unterschied zwischen der alten und neuen Zeit ist.

37. Im Alterthum entwikelten sich aus diesem Zustand zunächst Elemente der realen Wissenschaft durch Thätigkeit der philosophischen Kunst, und aus Reflexion über diese die Dialektik welche also nichts anderes war als die Theorie der wissenschaftlichen Construction. Die absolute Wissenschaft war nur in dieser Trias und nicht für sich.

38. In der neuen Zeit wo alles durcheinander geworfen wurde und aus einzelnen Elementen wieder neu zusammengehen mußte entwikelte sich vom religiösen durch das Christenthum vollendeten Triebe aus ein unmittelbares Los gehen auf Philosophie als Wissenschaft.

39. Diese Versuche trennten sich daher als Metaphysik je länger je mehr von der Kenntniß der Combinationsgeseze von denen man glaubte daß sie nichts mit göttlichen Dingen zu schaffen hätten!

40. Da die Metaphysischen Disciplinen selbst Combinationen waren: so schikte man also die Combinations- | regeln voran, die aber nichts combinirten.

41. Auch dies wäre gut gewesen wenn man nichts gewollt hätte als zeigen wie in allem realen Wissen das höhere ent-

halten sei. Da man aber mehr wollte mußte alles in Mißverständniß ausgehen.

42. Das hypothetische Verfahren in den realen Wissenschaften wurde viel willkührlicher nachdem man die höchste Wissenschaft ausgeschieden hatte und die metaphysischen Disciplinen wurden selbst hypothetisch weil sie sich gleichförmig mit den andern Wissenschaften gestalten wollten.

43. Das leztere wollte Kant heben durch den Unterschied zwischen constitutiven und regulativen Principien aber durch neuen Mißverstand.

44. Ein positives Einlenken muß sich an das alte anschließen mit beständigem Festhalten des unterscheidenden modernen Factum. Also das einwohnende Sein Gottes als das Princip alles Wissens; aber dieses Wissen[1] nicht anders haben wollen als in der Construction des realen Wissens.

45. Daher richtig auch den Namen der Dialektik wieder aufzunehmen welche eigentlich Kunst des Gedankenwechsels ist von einer Differenz des Denkens aus, denn sonst giebt es keinen Wechsel[,] bis zu einer Uebereinstimmung, denn sonst giebt es keinen Schluß.

46. Kunst als Besinnung über den Prozeß mit Sicherheit des Erfolgs sezt also voraus gemeinsame Regeln der Combination und ein gemeinsames ursprüngliches Wissen[2] welches jene begründen und also Grund alles Wissens sein muß.

47. Die Vollendung dieser Kunst ist allerdings in der Construction des | Organismus des Wissens und in so fern ist sie Wissenschaftslehre wie es die ausdrüklich so genannte nicht geworden ist indem diese Wissenschaftswissenschaft sein wollte.

48. Sie ist aber auch Kunst der philosophischen Kritik für jedes fragmentarisch gegebene Wissen. Also die Kunst beider Formen des Philosophirens.

[1] [Konjektur Jonas: Princip]
[2] [H:] Wissens

49. Wie sie wesentlich die beiden Hauptmomente in sich hält so muß sie auch die höchsten Principien des Wissens zum möglichst klaren Bewußtsein bringen und deutet also vorbereitend auf eine andere ihr gegenüberstehende Form wo das künstlerische zurük und das wissenschaftliche heraustritt indem die Theorie der philosophischen Kunst nur als Mittel gebraucht wird um die Philosophie als Wissenschaft darzustellen.

50. Im kritischen Gebrauch ist sie in Gefahr für Sophistik gehalten zu werden kann es aber nur sein inwiefern sie principienlos wäre; im constructiven Gebrauch kann sie für poetisch gehalten werden, ist es aber nur wenn sie über die Combinationsregeln hinausgeht. – Gegen das lezte hat Kant, gegen das erste die Populärphilosophie gearbeitet.

51a. Die gewählte Form ist unsrer Lage und unsrer gemeinschaftlichen Absicht gemäß und muß die Gründlichkeit alles Wissens befördern ohne ein falsches Scheinwissen hervorzubringen. |

51b. Zusammengefaßt also ist die Dialektik 1.) Organon des Wissens d.h. Siz aller Formeln seiner Construction. Denn Geseze der Combination gehn nicht nur auf die Richtigkeit des subjectiven Fortschreitens in jeder angelegten Gedankenreihe, sondern auch auf das objective Coalesciren des Wissens in große Körper. Beides hängt zusammen; nemlich theils die wissenschaftlichen Ganzen erscheinen doch geschichtlich zugleich als in Gedankenreihen Einzelner zusammengefaßt theils gehört zum combiniren wenn es Kunst sein soll auch daß man wisse mit welchen Gedanken sich ein gegebener combiniren lasse und wie, also Construction des ganzen Wissens seiner relativen Verwandtschaft nach von jedem Punkt aus.

52. Sie ist 2.) Mittel sich über jedes Einzelne als Wissen gegebene zu orientiren durch Anknüpfung an die zur Klarheit gebrachten lezten Principien alles Wissens, auch ohne jedes in seinem unmittelbaren wissenschaftlichen Zusammenhang aufgefaßt zu haben. Also Supplement alles realen Wissens

welches man nicht auf dem scientifischen Wege selbst erlangt hat.

53. Dies scheint nur sophistisch wenn der dessen reales Wissen geprüft wird es nur traditionell hat. Es wäre | nur wirklich sophistisch wenn das reale Wissen an leeren Combinationsformeln sollte geprüft werden.

54. Beurtheilendes Princip anderer philosophischer Darstellungen ist die Dialektik nur mittelbar a. inwiefern sie als Complication von Säzen den Combinationsgesezen unterliegen, auf welchem Wege aber nur die Richtigkeit der Darstellung kann geprüft werden, nicht die Wahrheit des zum Grunde liegenden Princips, b.) inwiefern der lezte Grund des Wissens zur Klarheit gebracht wird und man also empfinden lernt inwiefern das fremde Princip mit unserer Auffassung übereinstimmt. Dieses Urtheil betrifft die Wahrheit des Princips aber nur für uns und ist nur richtig nach dem Maaß unseres Selbstverständnisses.

Das Nebeneinanderbestehen philosophischer Systeme kann durchaus nur verstanden werden, wenn man die Philosophie nicht als Wissenschaft aufstellen will.

55. Der Vorsaz die Production des Wissens durch Besinnung über das Verfahren zur Kunst zu erheben sezt voraus daß ein anderweitig also kunstlos entstandenes Wissen vorhanden sei, an welchem das Verfahren kann beobachtet werden.

56. Diese Voraussezung stimmt nicht nur mit der Ansicht von der Philosophie als Kunstlehre, welche (Kunstlehre) immer später ist als die Production | selbst, sondern es streitet auch mit keiner Dignität der Philosophie daß dasselbe Princip früher auf einer niederen Entwiklungsstufe thätig gewesen ist.

57. Die erste Voraussezung mit welcher das entworfene Verfahren nicht bestehen könnte wäre wenn das gemeine Wissen mit dem höheren gar nichts zu schaffen hätte: so daß aus demselben das gesuchte Princip gar nicht könnte erkannt werden.

58. Die Differenz liegt nicht im Gegenstande denn das reale Wissen hat denselben Gegenstand mit dem gemeinen und jede speculative Philosophie muß eine Ethik und Physik wenigtens machen wollen wenn sie auch jede schon vorhandene nur für Empirie oder Doxosophie erklärt.

59. Sie liegt auch nicht in dem dem Denken mitgegebenen Ueberzeugungsgefühl denn daß die Unvollkommenheit des Wissens im Ueberzeugungsgefühl sich nicht mit abspiegelt ist wieder nur die Unvollkommenheit dieses Ueberzeugungsgefühls, und diese findet sich eben so wohl auf dem speculativen Gebiet als auf dem empirischen.

60. Sie würde nur in diesem Ueberzeugungsgefühl liegen, wenn das eine geradezu dem andern entgegengesezt wäre so daß wenn das gemeine Wissen ein Wissen wäre dann das speculative | keines sein könnte und umgekehrt.

61. Wenn dieses wäre so wäre eine gänzliche Scheidewand gezogen zwischen denen welche in der Speculation leben und denen welche nicht darin leben so daß jene auf diese gar keinen Einfluß haben könnten welches nicht kann gedacht werden und so daß der Uebergang aus dem einen Zustand in den andern der Anfang eines ganz neuen Lebens wäre.

62. Das leztere läßt sich zwar durch die Analogie der Bekehrung vertheidigen durch welche auch einiges Leben auf einer höheren Potenz erscheint und ursprünglich entstanden, so daß der Zusammenhang zwischen zwei Perioden des Lebens nicht nachzuweisen ist. Allein hier entsteht auch Zwiespalt gleichzeitig in jedem Bewußtsein weil keiner ganz im Gebiet der Speculation lebt, und zwar ist dieser Widerspruch nicht wider Willen weil keiner auf dem Gebiet der Erfahrung kann abweichend von allen Anderen denken und handeln wollen. Ja es ist nicht einmal eine strenge Scheidung möglich weil das speculative Wissen durch das reale auf die bloße Empirie einwirken muß; also wird die Einheit des Bewußtseins ganz aufgehoben in einzelnen Punkten.

63. Das Wissen ist also der Art nach nicht zwiefach sondern

einfach. Wo ein Ueberzeugungsgefühl ist erstrebt worden (im dumpfsinnigen Zustand geschieht dieses gar nicht) da ist auch das höchste Princip des Wissens thätig gewesen.

64. Dasselbe Princip ist also auf dem | Gebiet des gemeinen Wissens ein bewußtloses Agens, auf dem speculativen ein sich selbst durch seine Handlungen zum Bewußtsein kommendes.

65. Alles Wissen als Product dieses selben Princips strebt in ein Ganzes befaßt zu werden, und es giebt objectiv nur den Unterschied zwischen dem welches mehr und welches weniger damit befaßt ist.

66. Da nun jedes in einem Menschen lebendige auch in einer Oscillation von Zuständen begriffen ist so hat auch jeder Mensch der überhaupt ein Ueberzeugungsgefühl anstrebt Momente in denen das Princip des Wissens in ihm mehr hervortritt und sich der Klarheit nähert.

67. Hieraus sind als bestätigende Erfahrungen die allgemeine Neigung zum Raisonniren und der Mysticismus zu erklären.

68. Auch die Philosophie als Wissenschaft wäre nur die höchste Entfaltung des Einen und selbigen Wissens welches auch im dunkelsten wahrhaft menschlichen ist, wie die Krystallisation nur der höchste Zustand desselbigen Gesteins ist das auch als ganz formlose Masse existirt.

69. Wie jene Ansicht von einem zwiefachen Wissen schon eine Abart des Skepticismus ist nemlich vom speculativen aus anzweifelnd das empirische: so giebt es eine entgegengesezte, die Denkart der Empiriker die vom empirischen aus anzweifeln das speculative.

70. Indem diese nicht eingestehen daß ihre Wahrnehmungen nur ein Wissen sind | durch das Insichhaben des speculativen so haben sie um auf ihrem eignen Gebiet Wahrheit und Irrthum zu unterscheiden kein Mittel als die bloß analytischen Combinationsgeseze. Man kann ihnen aber zeigen daß sie durch die Einwirkungen der Dinge gar keine einer

Analysis fähige Einheiten sondern nur ein unendliches Chaos enthalten.

71. Der ächte Skepticismus oder die Polemik gegen das Wissen überhaupt sezt wenn er doctrinal sein will ein Wissen des Nichtwissenkönnens also auch einen Unterschied des begleitenden Gefühls bei diesem Gedanken und bei anderen, also unsere ganze Aufgabe. In seinem Hauptsaz ist also ein Widerspruch zwischen dem formalen und materialen und er ist in sich selbst gefangen.

72. Wenn der Skepticismus nur das Wissenkönnen des Wissens läugnet so sagt er entweder nur die der Idee des Wissens und dem Streben sie zu realisiren gar nicht entgegenlaufende Behauptung aus daß alles Wissen nur im Werden ist und man also der Vollendung keines einzelnen gewiß sein kann. Oder wenn er den Unterschied des begleitenden Bewußtseins läugnet so kann er nicht doctrinal sein.

73. In seinem empirischen Verfahren, welches vermeintes Wissen einander entgegenstellt als sich gegenseitig auf- | hebend stellt er doch einen Gegensaz in Meinungen auf, und diesen als gewußt wenn überhaupt etwas soll bewiesen werden und ist also eben so in sich gefangen.

74. Dem Skepticismus steht entgegen der Glaube an das Wissen als Princip alles philosophischen Strebens. Doch kann man nicht sagen, daß von beiden[,] Glauben und Wissen[,] eines über dem andern stände sondern sie bedingen sich gegenseitig.

75. Von Seiten der Form kann gegen das projectirte Verfahren eingewendet werden daß von einer bekannten Größe aus nicht zwei unbekannte, das transcendentale und das formale können gefunden werden, und man sich mit einem hypothetischen Annehmen des einen von beiden nicht begnügen könne weil immer die Unsicherheit bleibe das zerstörende Factum könne kommen wie bei der Physik. Doch dies geht nur auf die Trennung des transc[endentalen] und formalen.

76. Sind aber transc[endentales] und formales dasselbe so

scheint jedes gegebene Wissen zu sein was es ist durch das formale und durch ein früheres Wissen u.s.w. so daß man auf ein erstes gegebenes kommt. Ist dieses nun das transcendentale selbst: so ist alles reale nichts als das transcendentale. Ist es ein anderes: so ist alles reale Einem realen untergeordnet.

77. Dieses ist aber weder subjectiv richtig denn wenn zwei Menschen auch von einem ganz verschiedenen ersten Wissen in ihrem Bewußtsein ausgehen so wird sich ihr Wissen doch je länger je mehr gegen einander ausgleichen | so daß die Ableitungsordnung nur unwesentlich ist.

78. Auch ist es nicht objectiv richtig denn es giebt in jeder Wissenschaft viele subordinirte gleiche Punkte a b c d so daß man von d nach dem Princip aufsteigen kann ohne durch a b oder c und so vice versa. Und eben so giebt es von jedem höheren eine Mehrheit niederer auf die man gleich unmittelbar herabsteigt.

Beispiel in Mathematik aus Punkt und Bewegung gleich unmittelbar gerades und krummes.

79. Es ist also nicht das Wesen des Formalen daß es Ableitungsregel ist; es muß also auch nicht bloß im Fortschritt von Einem Wissen zum andern: sondern in jedem einzelnen Wissen für sich können angeschaut werden.

Hiebei kann unser Verfahren nur bestehen.[3]

80. Dies ist nur richtig wenn jedes gegebene Wissen in sich ein verknüpftes d.h. ein mannigfaltiges ist. Diese Voraussezung selbst aber ist so lange richtig bis jemand ein wirkliches Wissen aufzeigt unter einer einfacheren Form als der eines Begriffs oder Urtheils.

81. Es sind auch außer dem Verknüpfungsprincip das jedes einzelne Wissen in sich hat keine besondere[n] Ableitungsregel[n] für unsern Zwek zu suchen. Denn alle hievon un-

[3] [Der Zusatz wurde nachträglich zwischen der Schlußzeile von 79 und der Anfangszeile von 80 eingefügt; er ist möglicherweise auch als Ersatz für den Anfang von 80 zu verstehen („Dies ist nur richtig"), der in diesem Fall versehentlich nicht gestrichen wäre.]

terschiedene Ableitung ist nur interimistisch für den kunstlosen Zustand, indem jede objective Sphäre des Wissens vollendet wiederum ein Einzelnes Wissen ist, in welchem das früherhin als einzeln gesezte eben so verknüpft ist wie die Elemente in einem Begriff und die Glieder in einem Urtheil.

82. Da wir nun das Wissen als gegeben annehmen ohne eine Größe desselben be- | sonders zu bestimmen: so muß unser Verknüpfungsgesez auf alles auch das größte Wissen passen, und wir bedürfen dann von dieser Seite nichts anderes.

83. Wäre das Formale Ableitungsregel so könnte es nicht gleichgelten ob wir von dem gegebenen Wissen aus zuerst das transcendentale oder das formale suchten. Denn da wir dann das formale nicht aus Einem Wissen finden könnten und wir doch von allem materialen Unterschied abstrahiren müssen: so könnten wir das formale nicht unmittelbar sondern nur vielleicht durch das transc[endentale] finden und beide ständen also gegen einander nicht gleich.

84. Da dies nun jedes gleich steht so kann sich unser Verfahren doppelt gestalten je nachdem wir zunächst das Eine suchen und dann das andere.

85. Da unser eigentliches Ziel die Construction ist: so ist auch das formale unser Zielpunkt den wir also zulezt stellen und eben damit wir uns bei jedem Verfahren mit dem formalen zugleich seiner Identität mit dem transcendentalen bewußt sein können wollen wir das transcendentale zuerst suchen.

[ERSTER TRANSCENDENTALER THEIL]

86. Jedes Wissen ist ein Denken, aber nicht jedes Denken ist ein Wissen.

1.) Denken wird als bekannt gesezt in seinem Unterschiede von andern Verrichtungen im Bewußtsein.

2.) Wissen ist immer ein Denken, denn wenn wir es uns

als Besiz vorstellen nicht als wirklichen Act so ist dieses nur ein Schein, es geht doch auf den ursprünglich producirenden Act zurük.

87. Dasjenige Denken ist ein Wissen, welches a. vorgestellt wird mit der Nothwen- | digkeit daß es von allen Denkensfähigen auf dieselbe Weise producirt werde; und welches b. vorgestellt wird als einem Sein, dem darin gedachten, entsprechend.

Es kann nicht eingesehen, braucht aber auch nicht angenommen zu werden daß hierin alles eigenthümliche des Wissens enthalten sei.

88. Das Sezen einer Gleichmäßigkeit der Production giebt die das Wissen begleitende Ueberzeugung (von theoretischer Seite) aber nicht umgekehrt ist jede Ueberzeugung ein solches Sezen.

Wir sezen unsre Maximen und unsre GeschmaksUrtheile die auch mit Ueberzeugung begleitet sind freilich zum Theil als für jeden Fall von uns nur eben so zu produciren und nur insofern haben wir Ueberzeugung als wir dieses sezen. Allein diese Ueberzeugung ist eine subjective denn wir sezen nicht daß jeder Andere eine eben solche Handlungsweise vornehmen und ein eben solches Urtheil fällen müsse.

89. Das Sezen einer Gleichmäßigkeit der Production giebt die Allgemeingültigkeit des Resultats aber nicht umgekehrt.

In der Kunst wird auch angestrebt und gesezt eine Allgemeingültigkeit des Resultats[;] allein es ist keine Gleichmäßigkeit der Production sondern eine Umkehrung indem der Betrachtende aus der Darstellung die Idee gewinnt der Producirende aber umgekehrt. Auch ist die Allgemeingültigkeit des Resultats eine durch die Darstellung des Producirenden vermittelte. Im Wissen | hingegen ist sie direct und parallel.

90. Wenn auch kein Act diesem Charakter vollständig entspricht: so ist doch die Idee in demselben rein dargestellt.

Denn alles wird aus dem Wissensgehalt eines Actes ausgeschieden sobald es als individuell anerkannt wird.

91. Die Vollendung des Wissens wäre eigentlich darin wenn jedes Wissen Jedem nicht nur als Resultat sondern auch als Grund gleichmäßig durchschaut wäre, und wenn Jeder sein und aller Anderen Individuelles auch vollkommen durchschaute.

92. Wenn und sofern jedes Denken ein gemeinschaftliches Product der Vernunft und der Organisation des Denkenden ist, ist das Wissen dasjenige Denken welches Product der Vernunft und der Organisation in ihrem allgemeinen Typus ist.

1. Die Annahme kann hier noch nicht als alles Denken umfassend nachgewiesen werden wird aber doch von jedem als für das ganze reale Gebiet gültig zugegeben.
2. Die individuelle Vernunft ist die Fantasie, die individuelle Organisation wenn sie für objectiv genommen wird begründet auch den Irrthum.

93. Das Wissen ist also von dieser Seite angesehen dasjenige Denken, welches nicht in der Mehrheit und Differenz der denkenden Subjecte sondern in ihrer Identität gegründet ist. |

94. (ad b.) In jedem Denken wird ein Gedachtes außer dem Denken gesezt.

Man denkt Etwas heißt nicht nur das Denken ist bestimmt, sondern auch es bezieht sich auf ein außer ihm geseztes.

95. Das Sezen der Uebereinstimmung des Gedankens mit einem außer ihm gesezten giebt die Ueberzeugung aber nicht jede Ueberzeugung entsteht aus jenem Sezen.

Die ethischen und technischen Imperative führen auch Ueberzeugung mit sich aber man sezt nicht daß ihnen ein Sein genau entspreche.

96. Jeder Gedanke der zwar auf ein außer ihm geseztes bezogen aber nicht als uebereinstimmend gesezt wird ist kein Wissen.

Dahin vorzüglich 1.) Das freie Fantasiren welches einen unbestimmt gedachten Gegenstand näher zu bestimmen trachtet. 2.) Alles ins wissenschaftliche Gebiet gehörige was aber nur noch als Hypothese aufgestellt wird.

97. Wenn auch nicht jedes Wissen diesem Charakter rein entspricht: so ist doch die Idee überall rein gehalten.

Beispiel die alten astronomischen Meinungen. Wir erkennen sie jezt für falsch, da wir nicht mehr sezen daß sie mit dem Gegenstande zustammenstimmen; aber wir nehmen an, daß sie in der Entwiklungsreihe des Wissens liegen weil sie damals so gesezt worden, welches wir von der Feenlehre z. B. nicht annehmen weil sie nie so gesezt worden.

98. In so fern jedes Denken aus den in § 92 gesezten Elementen besteht kann man sagen das Wissen sei dasjenige Denken, welches auf gleiche Weise gesezt werden könne als von der selbstständigen Thätigkeit der orga- | nischen oder der intellectuellen Function ausgegangen.

1.) Dem freien Fantasiren hängt zwar die organische Function auch an, aber nur als Form und sie kann nicht als primitiv gesezt werden. Dies wäre der Wahnsinn.

2.) Dem hypothetischen Wissen oder dem unwissenschaftlichen Wahrnehmen hängt auch die intellectuelle Function an aber nur als Form und sie kann nicht als primitiv gesezt werden.

99. Das Wissen, und hier zunächst das reale, ist also dasjenige Denken welches nicht mit der Differenz sondern in und mit der Identität beider Functionen gesezt, und von beiden aus gleich ursprünglich auf das außer ihm als Sein gesezte bezogen wird.

100. Das Wissen ist das, wenn sich nicht der Gegenstand ändert, ohne Verschlimmerung nicht veränderliche; das nichtwissende Denken dagegen das ohne Veränderung des Gegenstandes mit möglichem Fortschritt veränderliche Denken.

101. Man könnte sagen Uebereinstimmung des Gedankens mit dem Sein sei ein leerer Gedanke, wegen absoluter Verschiedenartigkeit und Incommensurabilität beider. Allein

im Selbstbewußtsein ist uns gegeben daß wir beides Denken sind und Gedachtes und unser Leben haben im Zusammenstimmen beider.

Dies ist nothwendig gegeben mit der Voraussezung einer Mehrheit von Individuen.[4]

102. Man könnte sagen es sei petitio principii außer dem Wissen ein Sein zu sezen: allein das Wissen selbst ist uns | im Selbstbewußtsein nur im Sein gegeben aber als ein von ihm verschiedenes, und diese Annahme ist nur die Basis der Aufgabe selbst das unterscheidende Merkmal des Wissens zu suchen.[5]

103. Man könnte sagen Beziehung des Denkens auf das Sein sei leer, beides könne nur absolut getrennt sein. Allein im Selbstbewußtsein ist uns ein gegenseitiges Werden beider durch einander in der Reflexion und im Willen gegeben, und niemand kann glauben daß beide beziehungslos neben einander hingehen.[6]

104. Wenn im Denken keine Verschiedenheit der Beziehung auf das Sein stattfindet so findet überhaupt keine Differenz in der Dignität desselben statt.

105. Der Zweifel ob in irgend einem Denken das Gedachte mit dem Sein übereinstimme rührt nur daher, daß man nicht glaubt zu begreifen wie so Einheit und Vielheit in beiden auf gleiche Art müsse vertheilt sein. Allein diese Gleichheit, auf der die materiale Vollkommenheit des Wissens beruht, ist nur durch Approximation zu erreichen; der innere Grund dieser Gleichheit aber ist eben das gesuchte transcendentale.

106. Das correspondiren des Denkens und Seins ist vermittelt durch die reale Beziehung in welcher die Totalität des Seins mit der Organisation steht und man kann sagen das ganze Denken ist ein Wissen welches die Beziehungen eines bestimmten Seins zur Organisation | richtig ausdrükt.

4 [Zusatz mit Verweiszeichen am Rand]
5 [„diese Annahme . . . suchen." mit Verweiszeichen am Rand]
6 [„daß beide . . . hingehen " mit Verweiszeichen am Rand]

107. Wenn man von dem die Erfahrung bildenden Denken ausgeht in welchem beide Elemente das intellectuelle und das organische unläugbar sind: so kann man sagen, wenn man zu beiden Seiten so weit geht daß auf der einen der Vernunftgehalt auf der andern der organische in nichts verschwindet, ist man auch aus dem Gebiet des Denkens herausgetreten.

108. Die Thätigkeit der organischen Function ohne alle Vernunftthätigkeit ist noch kein Denken.

1. Denn sie ist noch nicht einmal das Fixiren des Gegenstandes, sondern nur die chaotische Mannigfaltigkeit der Impression. Beispiel vom Sehen.
2. Man sezt noch nicht weil man sich das empirische Denken als mit der Affection der Organe anfangend denkt. Man könnte auch umgekehrt sagen wenn man von der Construction herkommt.

109. Die Thätigkeit der Vernunft wenn man sie ohne alle Thätigkeit der Organisation sezt wäre kein Denken mehr.

Nicht mehr weil je weniger organische Thätigkeit um so mehr schon das unmittelbare Leben des Denkens aufgehoben ist.

110. Die allgemeinen realen Begriffe, die substantiellen, enthalten organische Thätigkeit denn in ihrer ursprünglichen Entstehung rufen sie die einzelnen sinnlichen Vorstellungen der darunter zu sub- | sumirenden Gegenstände zurük.

1. Wir haben dies nicht mehr unmittelbar im Bewußtsein weil wir diese Begriffe im gemeinen Gebrauch selten zu ihrem wahren Leben kommen lassen sondern in unserer Combination weiter gehen. Je mehr wir sie aber so nur als Zeichen brauchen um desto weniger denken wir wirklich dabei.
2. Bei uns knüpfen sich die allgemeinen Begriffe nicht ursprünglich und allein an die eigne Erfahrung sondern auch an die Tradition fremder Erfahrung welche auch schon nicht mehr zum vollen Leben kommt.
3. Von den ethischen allgemeinen Begriffen gilt dies vollkommen eben so wie von den physischen.

111. Die allgemeinen formalen Begriffe enthalten eben so die organischen Elemente der einzelnen Thätigkeiten welche darunter subsumirt sind und in dem Maaß als wir sie nicht so beleben, ist auch nichts wirklich darunter gedacht, sondern sie werden nur als Zeichen gebraucht.

1. In dem Begriff Subject z. B. sind alle Thätigkeiten welche einen Gegenstand fixiren zusammengefaßt, die offenbar eine organische Seite haben.
2. Weder hier noch oben soll gesezt sein daß die allgemeinen Begriffe durch die organische Thätigkeit entständen, da schon die einzelnen Vorstellungen nicht allein durch sie entstehen, sondern sie entstehen nur nicht ohne sie.
3. Wenn das bisherige nicht immer in jedem einzelnen Bewußtsein nachzuweisen ist so schadet das nicht weil wir alles Bewußtsein als Eines ansehen können.

112. Die allgemeinen Denkformen deren Repräsentant der Saz A = A haben auch eine organische Seite so fern sie die Form des Prozesses | enthalten oder eine Bedingung desselben aussprechen; und so fern sie keine organische Thätigkeit enthalten wird auch nichts in ihnen gedacht.

A = A ist entweder Identität des Gedachten und des Seins also Form des Wissens; oder Identität des Subjects also Bedingung des Wissens. Ohne organische Thätigkeit ist es nichts als die bloße Wiederholbarkeit des Gedankens, also leer.

113. Der höchste reale Begriff des Dinges[,] ens[,] enthält auch organische Elemente denn es ist dasjenige was die Organisation afficiren kann und zwar als ein subsistirendes in einer Mannigfaltigkeit von Eindrüken.

1. Wenn man sich auch das Seiende einer andern Weltordnung darunter subsumirt denkt: so sezt man in dieser ebenfalls ein Verhältniß einer vernünftigen Organisation zu einem umgebenden.
2. Wenn auch im Begriff des Dinges die organischen Thätigkeiten nur mittelbar sind, in sofern die allgemeinen Begriffe lebendig darin gedacht werden so sind sie doch darin wie in dem Saz A = A.

3. Sezt man diesen Begriff ohne alle organische Thätigkeit so wird er eben so nur leere Form, wie A = A.

114. Nur im transcendentalen Gebiet wäre eine Sonderung dieser Elemente zu sezen; aber wie wir dieses in kein Wissen gestalten wollen: so können wir es auch zu keinem für sich bestehenden Denken gestalten.

Im Aufsteigen bleibend können wir in dieses Gebiet nur die Begriffe Gott und Chaos sezen, im ersten ist jede organische Thätigkeit negirt im lezten jede intellectuelle. Auf diese Weise gefaßt sind sie kein wirkliches Denken. |

115. Wenn in jedem wirklichen bestimmten Denken beide Elemente sind so theilt sich alles Denken in drei Gebiete das eigentliche Denken mit überwiegender Vernunftthätigkeit und anhängender organischer, das Wahrnehmen mit überwiegender organischer und anhängender rationaler, und das Anschauen mit dem Gleichgewicht beider.

1. Das Denken heißt billig so indem wir damit die charakteristische Form des menschlichen Bewußtseins bezeichnen. – Im Wahrnehmen ist das Wahr nicht zu urgiren, da in beiden Formen auch das Gegentheil des Wissens gegeben sein kann.

2. Auch Anschauen schließt den Irrthum nicht aus.

116. Die mittlere Form ist nur als werdend in der Oscillation der beiden ersten, und jedes Anschauen unter eins von beiden zu subsumiren.

Auch[7] der Ausdruk bezeichnet kein reines Gleichgewicht, sondern nur das Wahrnehmen des vorher gedachten nicht umgekehrt.

117. Das Wissen kann als Denken und als Wahrnehmen vorhanden sein aber nur unter Voraussezung des Andern und selbstgenügsam ist nur die mittlere Form.

118. In allem Denken ist die Vernunftthätigkeit der Quell

[7] [H:] 1. Auch

der Einheit und Vielheit, die organische Thätigkeit aber der Quell der Mannigfaltigkeit.

1. Was jede von ihnen beiträgt läßt sich nicht isoliren ohne das reale Denken zu zerlegen, also etwas zu erhalten was für sich nicht nachgewiesen werden kann.

2. Das Erfülltsein der Sinne (Sinn = Vermögen wodurch die Affection der Organisation Mitursache des Denkens werden kann) ist durch die Sinne | für sich selbst nur ein chaotisches Mannigfaltiges von Eindrüken; die Sonderung wodurch sie das getheilte und bestimmte Sein vorstellen ist also nur durch die Vernunftthätigkeit zu beschaffen die Einheit und Vielheit bringt.

3. Das abstracteste Denken war leere Bestimmtheit ohne die organische Thätigkeit, die aber nur unbestimmte Mannigfaltigkeit bringen kann (so sind die Erinnerungen der einzelnen Vorstellungen die unter die allgemeinen Begriffe lebendig subsumirt werden) wenn nicht die Vernunftthätigkeit wieder in sie eingeht und mit ihnen einen besonderen Act producirt.

119. Ohne Einheit und Vielheit ist die Mannigfaltigkeit unbestimmt; ohne Mannigfaltigkeit ist die bestimmte Einheit und Vielheit leer. Die Verrichtung der Vernunft im Denken ist also die Bestimmung, die Verrichtung der Organisation ist die Belebung.

Durch die erste wird jedes Ein Denken, durch die andre wird jedes ein Denken.

120. Nach 93. kann also der organischen Thätigkeit des Einen auch die des Andern substituirt werden und sich mit seiner intellectuellen Function einigen und eben so der intellectuellen Thätigkeit des Einen die des Andern substituirt werden und sich mit seiner organischen Function einigen.

1. Das heißt im Gebiet des Wissens gehören die Sinne Aller einem Jeden zu seiner Vernunft, und die Vernunft Aller einem Jeden zu seinen Sinnen und können Ein und dasselbe Wissen constituiren.

2. Dies gilt nicht vom Irrthum. Man sezt daß diese organische Thätigkeit mit der Vernunftthätigkeit Anderer

sich nicht zu diesem Denken sondern zu einem andern, das ein Wissen wäre verbinden würde.

121. Eben so nach 117 kann das wahr- | genommene Wissen das zu einem gedachten gehört in einem Andern sein als dieses und ist doch zu Einem Wissen mit demselben geeint, und umgekehrt das gedachte das zu einem wahrgenommenen gehört.

Das heißt die Denkacte des Einen sind oft nur ein Wissen in Eins gesezt mit den Denkacten eines anderen so daß die Denkacte der Einzelnen ineinander greifen und sich zum Wissen ergänzen.

Der Irrthum ist nicht so sondern umgekehrt als ein Denken gesezt dem kein Wahrnehmen in einem anderen entspricht und umgekehrt.

122. Zusammengenommen: Mit der Idee des Wissens ist gesezt eine Gemeinsamkeit der Erfahrung und eine Gemeinsamkeit der Principien unter Allen, mittelst der Identität der Vernunft und der Organisation in Allen.

123. Da in demjenigen, was im Bewußtsein auch mit Ueberzeugung aber nur mit persönlicher und nicht als Wissen vorkommt (z. E. in Maximen und Schönheitsgefühl) auch Vernunftthätigkeiten und organische enthalten sind so ist in beiden außer jener Identität auch eine Differenz gesezt.

1. Kein Entschluß ohne organische Thätigkeit und kein Schönheitsgefühl ohne intellectuelle.

2. Wer keine Differenz in der Vernunft sezen will seze sie vorläufig bloß in der Organisation.[8]

124. Wiewol diese Functionen der Vernunft und Organisation andere sind | als die im Wissen: so kann doch nicht das differente und das identische gesondert sein, also muß auch das Denken in seinem ganzen Umfange davon tingirt sein.

125. Sonach giebt es in der Realität kein reines Wissen sondern nur verschiedene concentrische Sphären der Gemeinsamkeit der Erfahrung und der Principien.

[8] [Der zweite Zusatz mit Verweiszeichen am Rand]

1. Engstes Schema die Identität der Erzeugung mit dem Zusammenaufwachsen verbunden, worin die persönliche Differenz bis zur Identität der Maximen und der Gefühle verschwindet. Weitestes die Identität der Sprache in welche die reale Möglichkeit der Ausgleichung des Prozesses eingeschlossen ist.
2. Indem wir die Ueberzeugung sezen so daß wir dem andern unser Wissen beweisen könnten so sezen wir ein medium der Mittheilung voraus welches nur begränzt ist. Kein Wissen in zwei Sprachen kann als ganz dasselbe angesehen werden; auch Ding und A = A nicht.

126. Dennoch müssen wir hinter der Differenz des gesonderten Wissens eine allgemeine Identität nothwendig voraussezen und halten daran die Reinheit der Idee des Wissens fest, wenn wir auch kein Object aufzeigen können woran sie sich manifestirt.

Es bliebe übrig a. das mathematische das keiner Sprache bedarf; aber es existirt dafür nur in persönlichen Combinationen und wird auf diese Art relativ. Gegensaz der alten und neuen mathematischen Methoden.
b. das transcendentale repräsentirt durch die | Idee des absoluten Seins = Gottheit. Allein auch in dieser ist die reine Identität nur in sofern sie lebendiger Grund aller Prozesse ist; als bestimmtes Denken hervortretend wird sie durch die Sprache relativirt. In allen Ausdrüken für Gott ist etwas relatives welches nur dadurch aufgehoben wird daß man sie nicht mehr etymologisch verfolgen kann.

127. Die Relativität des Wissens ist mit demjenigen zugleich gesezt, wodurch wir uns seiner in seinem Unterschiede von andern Operationen bewußt sind, also mit dem Bewußtsein des Wissens selbst gesezt und ihm wesentlich.

128. Nach 87 und 117 kann ein Denken eben sowol einem Sein entsprechen als ein Wahrnehmen, und nach 116 giebt es nur unter dieser Voraussezung eigentlich wirklich ein Wissen; also muß in dem Denken in Bezug auf das Sein das-

selbe enthalten sein können wie in dem Wahrnehmen und umgekehrt.

129. Also muß in der Vernunftthätigkeit unter der Form der Einheit und Vielheit dasselbe können gesezt sein, was in der organischen Thätigkeit als unbestimmte Mannigfaltigkeit gesezt ist.

Weil nemlich im Denken die organische, im Wahrnehmen die intellectuelle Function ein minimum ist; was also in jenem gesezt ist ist durch die intellectuelle, was in diesem durch die organische Thätigkeit gesezt. Das Bild und der Begriff repräsentiren also dasselbe Sein. |

130. Ein Wissen ist also derjenige Denkact, welcher ohne daß das in ihm gesezte geändert werde vom Denken zum Wahrnehmen und umgekehrt übergehen kann.

1. Man denke sich ein Wahrnehmen im Gedächtniß ruhend und nun eine verstärkte Thätigkeit der intellectuellen Function welche wiederum auf denselben Gegenstand bezogen wird: so ist ein jenem Wahrnehmen correspondirendes Denken entstanden in welchem wenn beides ein Wissen ist dieselbe organische Thätigkeit als minimum enthalten ist, welche in jenem Wahrnehmen das hervorragende war.

2. Ist eins von beiden irrig so wird das richtige Denken nicht die organische Thätigkeit desselben Bildes zurükrufen welches in der irrigen Wahrnehmung zusammengefaßt war; und das Bild der richtigen Wahrnehmung wird nicht auf denselben allgemeinen Eintheilungen und Combinationen ruhen welche der Inhalt des irrigen Denkens waren.

3. Ein gleichförmiges Uebergehen des Irrthums aus einer Form in die andere so daß jede auf ihre ursprüngliche Weise entstanden wäre kann nur als höchst zufällig vorgestellt werden.

131. In jedem Denken kann auch das im Wahrnehmen vorzüglich heraustretende schon enthalten sein auf seine Weise; und eben so im Wahrnehmen das hervortretende des Denkens auf seine Weise.

Im allgemeinen Begriff einer Thierspecies muß z. B. wenn er[9] lebendig ist auch schon enthalten sein das Maaß der Größe in welches sie eingeschlossen ist; ja niemand wird was in dieser Hinsicht zu weit auseinanderliegt unter Eine Species stellen. Ja auch das Maaß in welchem die Differenz der Farbe p. eingeschlossen ist, kurz alles dessen was im unmittelbaren sinnlichen Eindruk gesezt ist. | Eben so muß in der Wahrnehmung schon vorzüglich heraustreten was die allgemeinen Züge bildet und das höchste z. B. am Thier die freie Beweglichkeit muß auch das lebendigste sein in der Wahrnehmung.

132. Da nun die Vernunftthätigkeit gegründet ist im Idealen, die organische aber als abhängig von den Einwirkungen der Gegenstände im Realen: so ist das Sein auf ideale Weise eben so gesezt wie auf reale, und Ideales und Reales laufen parallel neben einander fort als modi des Seins.

133. Es giebt keine andere positive Erklärung dieses höchsten Gegensazes als daß das Ideale ist dasjenige im Sein was Princip aller Vernunftthätigkeit ist inwiefern diese durchaus nicht von der organischen abstammt und das Reale dasjenige im Sein vermöge dessen es Princip der organischen Thätigkeit ist in wiefern diese durchaus nicht von der Vernunftthätigkeit abstammt.

1. Sie ist positiv genug als Anleitung zur Scheidung beider Glieder in ihren Producten aber der Gegensaz selbst bleibt dabei immer hinter dem Vorhang.
2. Jede Erklärung die mehr leisten wollte würde poetisch sein und unter den Bildern doch nichts darbieten als Erinnerungen an die Productionen beider Glieder, oder rhetorisch d. h. leer.
3. Die Terminologie ist gleichgültig, diese aber ist die einfachste vom Haupttypus der Denkfunctionen hergenommen.

134. Die Annahme dieses höchsten Gegensazes beruht uns und hier lediglich darauf daß beide Elemente im | [Den]ken

[9] [H:] sie

als unabhängig gesezt werden und dies ist weil es nur auf der Ansicht des Bewußtseins beruht zuletzt Sache der Gesinnung.

1. Wer ein Wissen will d. h. das Gefühl der Ueberzeugung anerkennt muß diese Duplicität wollen denn es läßt sich sonst kein Unterschied zwischen Wissen und anderem Denken nachweisen.
2. Wer sich selbst finden und festhalten will muß diese Duplicität annehmen. Denn wenn die Vernunftthätigkeit von der organischen abstammt so sind wir nur Durchgangspunkte für das Spiel des gespaltenen Seins.
3. Wer die Welt im Gegensaz mit dem Ich halten will muß sie wollen denn wenn die organische Thätigkeit von der Vernunftthätigkeit abstammt so machen wir die organischen Eindrüke selbst und haben keine Ursach ein Sein außer uns anzunehmen welches sie machen helfe.
4. Also wer überhaupt die Anschauung des Lebens will muß diese Duplicität wollen.

135. Der höchste Gegensaz ist die Grenze des transcendentalen und immanenten und so er alles unter sich befaßt worin sich das System der Gegensäze ausdehnt so kann er nur, weil er ein leeres Mysterium wäre wenn man bei ihm stehen bliebe von dem Einen Sein befaßt werden und auf dieses zurükführen welches ihn und mit ihm alle zusammengesezten Gegensäze aus sich entwikelt. |

136. Das transcendentale, worauf wir von hier aus kommen, ist also die Idee des Seins an sich unter zwei entgegengesezten und sich auf einander beziehenden Arten oder Formen und modis, dem idealen und realen als Bedingung der Realität des Wissens.

137. Von den beiden Functionen im Denken ausgehend hat sich uns die Idee des Wissens zuerst in die Gesammtheit der Sphären des relativen Wissens nach außen erweitert dann aber hat sie sich zur höchsten Einheit zusammengezogen.

138. Das Wissen als Denken ist unter keiner andern Form als der des Begriffs und des Urtheils.

1. Außerhalb und gleichsam unterhalb des Begriffs steht das Empfinden, die Action der noch nicht objectiv gewordenen Receptivität; außerhalb und gleichsam oberhalb des Urtheils steht das Wollen, die Action der schon objectiv werdenden Spontaneität; wie nun das Denken zwischen beidem eingeschlossen ist, ist es auch in jene beiden Formen gemarkt, deren eine sich dem Empfinden, die andere dem Wollen nähert. Wem dieses nicht genügt, für den gilt alles folgende nur bis er ein Wissen producirt das weder Begriff noch Urtheil ist.

2. Der Syllogismus ist

a. weder die ausschließende Form des Wissens, so daß kein Denken ein Wissen wäre als das syllogistische. Denn der maior muß auch ein Wissen sein, und dieser kann nicht immer wieder conclusio gewesen sein | sondern es muß ursprüngliche Theses geben welche auch ein Wissen sind. Er gilt also nur für das Gebiet des abgeleiteten Wissens.

b. Die conclusio ist selbst unter der Form des Urtheils, und diese enthält das durch den Syllogism hervorgebrachte Urtheil. Wir fragen aber jezt nicht nach der Genesis, sondern nach der Form des Wissens für sich. Diese ist also nur jene zwiefache.

139. Auf unserm Wege liegt die Frage wie sich Begriff und Urtheil gegeneinander verhalten.

Sowohl auf dem zum lezten Ziel; denn wir müssen wissen in wie fern es zweierlei Verfahren giebt für die richtige Construction des realen Wissens. Als auch auf dem zum transcendentalen Mittelpunkt, denn wir müssen wissen ob wir einen zwiefachen Grund des Wissens zu suchen haben.

140. Das Urteil sezt seinem Wesen nach den Begriff voraus.

1. Wo Subject und Prädicat allgemeine Begriffe sind ist es klar.

2. Wo das Subject ein einzelnes Ding ist, ist es doch nur Subject als unter einen Begriff subsumirt. Diese Flamme ist weiß.

3. Wo das Prädicat eine unmittelbare sinnliche Vorstel-

lung zu sein scheint (weiß süß p.) ist diese doch mehrerer Modificationen fähig, welches von dem speciellsten durch die Sprache bezeichneten gilt, und also als Begriff im Urtheil gesezt, nicht in der individuellen Bestimmtheit.

141. Urtheile sind daher auch desto vollkommner, je mehr die Begriffe schon gebildet sind.

Das Urtheil Diese Flamme ist weiß ist vollkommner als das Urtheil Ein weißes zeigt sich hier, welchem der in jenem schon gebildete | Begriff fehlt.

142. Der Begriff sezt überall das Urtheil voraus.

Nicht nur wo er auf kunstmäßige Weise gebildet ist; sondern auch der natürlich gewordene kommt in der Mittheilung auf streitige Punkte (Thier und Pflanze auf Zoophyten p.) und kann dann nur durch scheidende Urtheile als Wissen fixirt werden.

143. Der Begriff ist desto vollkommner je mehr er auf einem System von Urtheilen ruht.

Denn jeder Begriff hat ein streitiges Gebiet nach allen Seiten und ist also als Wissen erst recht fixirt wenn er nach allen Seiten hin systematisch in Beziehung auf alles umgebende Sein durch scheidende Urteile bestimmt ist.

144. Wenn also das Wissen in gleichmäßig producirten Begriffen bestehen soll so müssen diese auf gleichmäßig gebildeten Urtheilen beruhen, und umgekehrt und wir sind in einem Kreise befangen.

Es wäre ein Sprung und also nur eine Ahndung wenn wir sagen wollten Urtheil und Begriff müßten also auf einer Indifferenz von beiden ruhen; welche dann dem Sein entsprechend das transcendentale wäre und in den Begriffen und Urtheilen sich entwikelnd das formale.

145. Das Gebiet des Begriffs erscheint ursprünglich schwebend in einem relativen Gegensaz des höhern und niedern, allgemeineren und besonderen.

Er ist Aussonderung einer Einheit des Seins | aus der unbestimmten Mannigfaltigkeit welche aber selbst wieder

Mannigfaltigkeit in sich trägt und als Theil mit anderem höhere Einheit bildet.

Dies geht daraus hervor, daß sich die Begriffe gegeneinander theils als coordinirte theils als subordinirte verhalten.

146. Jeder vollkommene Begriff ist ein höherer in wie fern er nur noch einiges unter sich begreift.

Auch das einzelne Ding, in wie fern wir es im Denken auffassen ist noch Begriff; denn es entwikelt Erscheinungen oder Thätigkeiten aus sich welche seinen ganzen Charakter in sich tragen (so die Handlungen des einzelnen Menschen) aber durch ein hinzukommendes bestimmt, und welche sich also zu ihm verhalten wie das niedere zum höheren. Und auch in diesen wieder ist noch eine Möglichkeit von Modificationen gesezt wie die Specificabilität in jedem höheren Begriff.

147. Das Gebiet des Begriffs endet also nach unten in die Möglichkeit einer Mannigfaltigkeit von Urtheilen, welche wieder mannigfaltig könnten zusammengefaßt werden.

Das heißt die Grenze des Begriffs nach unten ist die unerschöpfliche Mannigfaltigkeit des Wahrnehmbaren.[10]

148. Jeder vollkommene Begriff ist zugleich ein niederer in wie fern er nur noch einiges ausschließt.

Auch der allgemeinste Begriff des Dinges ist noch ein niederer denn über ihm steht der höhere des absolut Einen ungetheilten Seins.

Auch dieser ist noch ein niederer in wie fern ihn noch der Gegensaz von Begriff und Gegenstand begleitet. |

149. Nur die Idee der absoluten Einheit des Seins, inwiefern darin der Gegensaz von Gedanke und Gegenstand aufgehoben ist, ist kein Begriff mehr.

Denn sie kann nicht angesehen werden als aus einem System von Urtheilen entstanden indem von dem Sein nichts kann ausgesagt werden; und sie schlöße auch nichts mehr aus.

10 [Zusatz mit Verweiszeichen am Rand]

150. Diese Idee ist also zwar der Materie nach ein Begriff, aber nicht der Form nach.

Der Materie nach, weil eine Einheit des Seins darin gesezt ist.

151. Auch durch die Mehrheit von Urtheilen daß in jener Idee alle höchsten Gegensäze aufgehoben sind wird sie nicht zum Begriff.

Denn da diese Urtheile nur negativ sind läßt sich kein Begriff daraus zusammensezen.

152. Das Gebiet des Begriffs[11] endet also nach oben ebenfalls in eine Mehrheit möglicher Urtheile.

153. Die Idee des absoluten Seins als Identität von Begriff und Gegenstand ist also kein Wissen.

Da sie weder Begriff noch Urtheil ist denn der Thesis über die Aufhebung der Gegensäze darin fehlt zum Urtheil daß das Subject ein Begriff sei.

154. Sie ist aber der transcendentale Grund und die Form alles Wissens.

1. Das erste kann noch nicht ganz deutlich werden. Nur soviel daß es gegen die Skepsis aus der Getrenntheit von Begriff und Gegenstand | keinen Stüzpunkt giebt als in der Voraussezung einer ursprünglichen Identität von beiden.

2. Das zweite ist klar denn das Entsprechen von Begriff und Gegenstand ist nur dasselbe wie jene Identität[,] nur in das Gebiet des gespaltenen Seins versezt, und die Differenz alles Wissens vom unbestimmten Denken liegt[12] eben in der Beziehung auf jene Identität auf welche ein unbestimmtes Denken als solches nicht bezogen wird.

155. In so fern das Urtheil den Begriff und namentlich den Begriff des Subjects voraussezt giebt es nur zweierlei Urtheile, eigentliche welche im Prädicat etwas aussagen, das im Begriff des Subjects nur seiner Möglichkeit nach gesezt

[11] [„Begriffs“ über nichtgestrichenem „Urtheils“]
[12] [H:] liegt bei

ist, und uneigentliche welche etwas aussagen, was im Begriff des Subjects bestimmt gesezt ist.

1. In einem vollkommnen Begriff muß auch das zufällige seiner Möglichkeit und seinem Umfange nach enthalten sein. Denn wenn ein Ding etwas thun oder leiden kann, dessen Möglichkeit nicht in seinem Begriff enthalten ist so ist der Begriff nicht vollständig. Also in Bezug auf den vollständigen Begriff giebt es keine rein synthetischen Urtheile.

2. In Bezug auf den unvollständigen Begriff der noch im Gebildetwerden begriffen ist giebt es keine rein analytischen Urtheile. Denn alles kann über einen bestimmten Moment in der Geschichte des Begriffs hinausgehen. Es kann einen Begriff von Mensch geben worin das Prädikat sterblich noch nicht mit gesezt ist.

3. Der Unterschied zwischen analytischem und synthetischem Urtheil ist also nicht festzuhalten, und überhaupt keiner da identische Urtheile keine sind sondern nur leere Formeln, wenn man nicht den vollständigen Begriff zum Grunde legt, in welchem jener Unterschied allein begründet ist.

156. Da wir das Urtheil als auf dem Begriff beruhend ansehen, können wir nur | von den eigentlichen reden, indem die uneigentlichen dem Begriff vorangehen.

157. Das Subject im Urtheil ist ein für sich geseztes das Prädicat ein in einem andern geseztes Sein.

158. Das Prädicat ist vor dem Urtheil außer dem Subject gesezt und also das Nichtsein desselben, und die Totalität der Prädicate wäre die Totalität des Nichtseins des Subjectes.

Es [ist] hier vom Denken nur als Denken die Rede und es fragt sich also nicht was für Prädicate zu einem Wissen mit einem Subject können verbunden werden. Aber alle Begrenzungen eines Subjectes müssen als Urtheile aufgefaßt werden.

159. Das Urtheil ist also eine Identität von Sein und Nichtsein des Subjectes, und die Grenzen seines Gebietes also

gleichfalls aus dem maximo des Seins und des Nichtseins zu finden.

160. Je mehr Sein in einem Subject gesezt ist, um desto wenigeres ist von ihm ausgeschlossen und also als von ihm prädicabel gesezt, und das absolute Subject ist dasjenige in welchem alles Sein gesezt und von dem also nichts zu prädiciren ist.

Die entgegengesetzte Formel, daß von einem Subject in welchem Null Seyn gesezt ist, alles könne prädicirt werden wäre leer und wir müssen also hier suchen vom Prädicat auszugehen. |

161. Das Prädicat als in einem andern gesetztes Sein ist dasselbe in einem und in einem andern gesezt, und es ist also nur desto größer in je mehren es gesezt ist.

162. Je mehr aber in anderem gesezt ist um desto weniger ist für sich selbst gesezt und das maximum des Prädicats bestcht darin wenn alles in allem gesezt ist, wobei aber kein Subject im engern Sinne übrig bleibt.

163. Das Gebiet des Urtheils ist also begrenzt auf der einen Seite durch das Sezen eines absoluten Subjectes von welchem nichts prädicirt werden kann und auf der andern Seite durch das Sezen einer Unendlichkeit von Prädicaten, für welche es keine bestimmten Subjecte giebt d. h. einer absoluten Gemeinschaftlichkeit des Seins.

164. Diese Formeln finden ihren Inhalt in dem was der Begriff gegeben hat. Nemlich die absolute Einheit des Seins welche den Begriff begrenzt ist zugleich das absolute Subject dessen Sezen alles Urtheil begrenzt. Und die unerschöpfliche Mannigfaltigkeit des Wahrnehmbaren insofern noch nicht zur Einheit des Begriffs erhoben, welche den Begriff nach unten begrenzt[,] ist zugleich die Unendlichkeit von Prädicaten ohne Sezen bestimmter Subjecte welche das Urtheil begrenzt.

Denn der reine Gedanke des Seins ist nichts | als das Schema zum Subject und die bloße Erscheinungsmasse abstrahirt von aller Vernunftthätigkeit ist nichts als ein Aggregat von möglichen Prädicaten.

165. Das Sezen einer absoluten Einheit des Seins und das Sezen einer absoluten Mannigfaltigkeit des Erscheinens ist kein Denken da es weder Begriff noch Urtheil ist; aber beides sind die transcendentalen Wurzeln alles Denkens und also auch alles Wissens.

166. Indem nun der transcendente Begriff und das transcendente Urtheil dasselbe sind so ist in der absoluten Einheit des Seins nicht nur der Gegensaz von Begriff und Gegenstand sondern auch der von Urtheil und Thatsache aufgehoben.

Das eigentliche Urtheil geht nothwendig immer auf Thatsachen.

167. Man könnte auch von hier aus schon ahnden (auch 164 und 166 sind nur geahndet) daß die Erscheinung des vollendeten Wissens in der Totalität des Wissens der Einzelnen entspreche einer Identität der absoluten Einheit des Seins und der unendlichen Mannigfaltigkeit des Wahrnehmbaren, und daß die Einerleiheit ob ein Wissen entstanden sei von der intellectuellen oder von der organischen Function aus entspreche einer Einerleiheit ob es als Begriff gesezt sei oder als Urtheil; aber um hierüber wirklich auf etwas zu kommen müssen wir erst gefunden haben wie sich nun das Wissen besonders zu jenen beiden Formen des | Denkens verhält.

168. Man darf nicht sagen alles Wissen sei nur in der Form des Begriffs gesezt, nicht des eigentlichen Urtheils; diese Behauptung hängt im Idealismus.

1. Der Idealismus behauptet die einzelnen Dinge seien das Nichtseiende, weil sie im Begriff nicht aufgehen und im Urtheil auch nur im Unendlichen aufgehen könnten. Also sei in ihrem Denken keine Identität des Gedankens und des Gegenstandes; es sei also kein Wissen und ihm entspreche kein Sein. Das Wissen komme also vom andern Ende her, von der absoluten Einheit des Seins, von welcher man durch Spalten und Verbinden nur ein Sy-

stem von Begriffen erlange aber kein Urtheil. In dieser Quelle und dem was aus ihr fließt sei alles Wissen beschlossen.

2. Hierdurch wird das Ueberzeugungsgefühl welches uns beim Verkehr mit den Dingen begleitet (ὀρθὴ δόξα) von dem im Begriff (ἐπιστήμη) völlig getrennt und jene Duplicität in das Bewußtsein gebracht welche oben schon widerlegt ist. – Es wird ferner die Relativität des Wissens aufgehoben denn in der Idee der absoluten Einheit des Seins rein für sich, ohne diese auch als organisch entsprungen zu betrachten[,] ist keine, und kann also auch in dem rein aus ihr abgeleiteten (a priori) keine sein; diese Relativität hängt aber für uns mit der Idee des Wissens genau zusammen. – Es wird endlich die organische Function und also die Duplicität, ohne welche wir das Wissen vom unbestimmten willkührlichen Denken nicht trennen können aufgehoben (wie denn auch dies nicht trennen zu können die alte Klage gegen den Idealismus ist)[.] Also kann dieser Saz von uns nicht angenommen werden. |

3. Der Saz widerspricht auch unsren früheren Annahmen, indem ohne alle organische Function, auch die des innern Sinnes, kein Theilungsgrund für die Einheit des Seins zu finden ist, und wir auch in der Idee des absoluten Seins in wiefern sie als höchster Begriff gelten soll organische Function finden.

169. Man darf auch nicht sagen alles Wissen sei nur in der Form des eigentlichen Urtheils gesezt, nicht in der des Begriffs, welche Behauptung im Realismus hängt.

1. Der Realismus behauptet im Auffassen des Einzelnen fühle sich jeder am meisten durch eine für alle identisch gedachte Nothwendigkeit gebunden. Dieses Auffassen sei also das Wissen vermöge des ersten Charakters; also entspreche ihm das Sein. In den Begriffen hingegen sei die Uebereinstimmung zufällig ihnen also entspräche auch nicht das Sein sondern sie wären nur Zeichen, deren man am liebsten ganz entübrigt wäre. – Das Auffassen aber auf der Stufe des wirklichen Denkens gesezt sei überall Urtheil, und das Wissen sei nur in der Gesamtheit der

Urtheile über das Einzelne. Die sogenannten allgemeinen Dinge hingegen seien das Nichtseiende.

2. Wenn nun die Begriffe nur Zeichen sind und die Nothwendigkeit die einzelnen Phänomene des Bewußtseins gerade so für die Bezeichnung zusammenzustellen nicht in der Affection selbst liegen kann: so ist das System der Subjecte ganz willkührlich, und es geht doch eigentlich die Sicherheit des Wissens verloren und die Möglichkeit ist immer gesezt daß alle Prädicate auf ein ganz anderes System von Subjecten könnten bezogen werden. Es wird | also gar kein System eines für sich bestehenden Seins gewußt. Da nun zugleich die Unabhängigkeit der intellectuellen Function aufgehoben ist ohne die wir kein Wissen von anderm Denken unterscheiden könnten so wäre uns hiemit die Idee des Wissens aufgehoben.

3. Da nun ohne alle intellectuelle Thätigkeit auch kein Vereinigungspunkt für die unendliche Mannigfaltigkeit zu finden ist, und wir sobald das Auffassen ein bestimmtes Wahrnehmen wird auch intellectuelle Function darin sezen: so widerspricht die Annahme allen unsern früheren Positionen.

170. Wenn wir die Position beider Ansichten geläugnet hätten, deren eine den Begriff als Form des Wissens sezt und die andere das Urtheil: so hätten wir alle Form des Wissens geläugnet, und wir wären in der Skepsis.

1. Dies wäre die am meisten systematische Art des indirecten Verfahrens der Skepsis. S. oben § [73.]

2. Idealismus und Realismus wenngleich gewöhnlich anders deducirt haben durch diese Darstellung nichts verloren. Die hier aufgestellte Position eines jeden ist in jeder idealistischen oder realistischen Darstellung geradezu oder implicite enthalten.

171. Da wir aber nur die Negation beider wodurch jeder Eine Form des Denkens als Form für das Wissen ausschloß geläugnet haben: so nehmen wir die Position eines jeden gegen die Ausschließung des anderen in Schuz.

1. In den gewöhnlichen Darstellungen läugnet der Idealismus nicht, daß man urtheilend | auch weiß, aber wol nur

deswegen weil er unser eigentliches Urtheil nicht kennt. Der Saz aber kommt in jedem Idealismus vor daß das Einzelne Ding als solches kein gewußtes ist und der führt auf jenen. Denn es ist nicht eine strenge Unendlichkeit von Urtheilen nöthig indem ein endliches zwischen Anfang und Ende beschlossenes Ding auch durch endliches Denken muß erschöpft werden können insofern überhaupt eine Erschöpfung auch unter der Form des Begriffs möglich ist. Alle Subsumtion eines niederen Begriffs unter den höheren ist aber in Bezug auf diesen auch eigentliches Urtheil. [am Rand:] NB.

2. Jede Darstellung des Realismus (in diesem Sinne[)] muß nominalistisch sein d. h. die Begriffe nur als Zeichen ansehen. Einen der dieses nicht thäte hätten wir hier nicht widerlegt.

172. Vermöge unserer Widerlegung also des Idealismus und Realismus behaupten wir, es gebe Wissen sowol unter der Form des Begriffs als unter der Form des Urtheils.

Beides kann aber nicht getrennt sein da alles Wissen Eines ist, und auch Begriff und Urtheil ihrer Natur nach durch einander bedingt sind.

173. Wenn dasselbe Sein als Begriff gewußt werden kann und auch als Urtheil (S. 171. 1 NB.) so ist auch das Sein welches allem als Begriff gewußten und allem als Urtheil gewußten selbst nicht eigentlich gewußt zum Grunde liegt nur Eines.

174a. Das absolute Subject und die absolute Einheit des Seins sind zwar | als Gedanken genetisch verschieden drüken aber nur dasselbe Sein aus.

174b. Auch materialiter sind sie als Gedanken betrachtet dasselbe.

Denn das absolute Subject wäre noch nicht dieses, wenn von ihm noch könnte in einem eigentlichen Urtheil prädicirt werden daß es gedacht würde. – Und die absolute Einheit des Seins wäre noch nicht diese, wenn noch etwas außer ihr gesezt wäre, was in einem eigentlichen Urtheil von ihr könnte prädicirt werden.

175. Zuerst das Wissen unter der Form des Begriffes sofern es identisch von allen producirtes Denken ist und nur in der vereinten Thätigkeit beider Functionen sein Wesen hat, kann nicht in der organischen Function gegründet sein.

1. Weder in der Zusammengehörigkeit der organischen Affectionen (S. § [120]) diese ist vielmehr selbst durch die identische Begriffsproduction bedingt. Denn ich bekomme das Materiale eines Anderen nur unter der Gestalt seines Denkens, und kann mir aus diesem das Materiale nur reduciren in so fern sein Denken in meinem aufgeht.

2. Eben so wenig in der allerdings den Denkenden Einer Art wesentlichen Einerleiheit der organischen Functionen. Denn die Begriffe als solche sind überhaupt nicht in ihr gegründet. Dies erhellt schon daraus daß dieselbe organische Affection auf ganz verschiedene Begriffe führt zu verschiedenen Zeiten. Die Wahrnehmung eines Smaragd wird mir einmal ein Schema eines bestimmten Grün, dann einer bestimmten Krystallisation endlich eines bestimmten Gesteins. Man kann nicht einwenden dies rühre in jenen Fällen nur von einer Richtung des Denkens her in der ich den ganzen Gehalt der organischen Affection nicht auffasse; wenn ich aber diesen auffasse müsse immer derselbe | sein. Denn irgend ein Wahrgenommenes geht nie in einem Begriff ganz auf, und diese Relativität ohne welche der Begriff gar nicht zu Stande käme zu bestimmen hängt von der intellectuellen Thätigkeit ab, ohne welche auch schon die Wahrnehmung nicht begränzt werden könnte.

Anmerkung. Daher so viele Mißverständnisse der Kinder bei unsern Bestrebungen ihnen zur Begriffsbildung zu verhelfen, wenn sie nicht wissen in welcher Reihe Sezung wir eben begriffen sind.

176. Es kann also eine Allen gemeinschaftliche Begriffsproduction nur geben inwiefern diese in der Einerleiheit der Vernunft gegründet ist.

D.h. Giebt es ein Wissen so muß das System aller das Wissen constituirenden Begriffe in der Allen einwohnenden

Einen Vernunft auf eine zeitlose Weise gegeben sein.

1. In ihr begründet und in ihr auf zeitlose Weise gegeben, ist gleich (wie man sagt daß im Samen die ganze Pflanze, die eine räumliche Erscheinung bildet auf eine unräumliche Weise gegeben ist.) Will man annehmen in Einem Moment werden von allen Menschen zusammengenommen alle Begriffe producirt: so sieht man in der Vernunft welche in ihnen allen dieselbe ist sind alle diese Begriffe auf gleiche Weise begründet und das heißt die welche jeder einzelne eben nicht producirt weil ihm dazu die organische Veranlassung fehlt sind in seiner Vernunft eben so gesezt aber zeitlos.

2. Da dieses dem transcendentalen Gebiet angehört so wird man immer desto mehr aus der philosophischen Rede herauskommen je mehr man einen lebendigen und positiven Ausdruk sucht. Man kann nicht sagen die Begriffe schlummern in der Vernunft bis sie durch eine organische Veranlassung gewekt werden, denn sie sind vorher nicht als Begriffe gegeben. Aber die Vernunft ist als lebendige Kraft abgesehen von ihrer augenbliklichen Production, die lebendige Kraft zur Production aller wahren Begriffe; ihr Wesen ist die le- | bendige Totalität des Schematismus der Begriffe.

3. Das einzige würdige und dem strengen Styl sich nähernde Bild ist daß, so wie die Gottheit der Ort aller lebendigen Kräfte ist: so ist so die *die Vernunft der Ort aller wahren Begriffe*. Die Procuctionsweise jedes Begriffs ist an einem besondern Punkt in der Vernunft als eine lebendige Kraft gesezt.

4. Dieses zeitlose Vorhandensein aller Begriffe in der Vernunft ist das wahre in der *Lehre von den angeborenen Begriffen*, in so fern diese der Lehre entgegentritt welche alle Begriffe nur als secundäre Producte aus der organischen Affection ansieht. Aber falsch ist der Ausdruk in so fern darin liegt, daß die Begriffe selbst vor aller organischen Function in der Vernunft gesezt sind, sondern Begriffe werden sie erst im Zusammentritt beider Functionen.

5. Falsch oder unzureichend ist auch das unter diesem

Ausdruk enthaltene insofern man nur einige Begriffe für angeboren will gelten lassen. Theils nemlich nur ethische nicht physische, theils nur höhere nicht niedere. Diese Beschränkungen erlangen nur dann einen Schein wenn man höhere ethische und niedere physische zusammenstellt. Die niederen ethischen aber, die bestimmten Formen des guten und schönen sind nicht mehr angeboren als die Begriffe bestimmter Gattungen und Arten von Naturdingen. Höhere und niedere Begriffe sind aber auch auf gleiche Weise zeitlos in der Vernunft gesezt, da das Begriffmachende in den niederen nur die höheren sind, und in den höheren auch die Bestimmungen der niederen der Potenz nach müssen enthalten sein.

177. Die im System des Wissens liegenden Begriffe entwikeln sich also auch in jeder Vernunft auf gleiche Weise auf Veranlassung der organischen Affection, und es giebt eigentlich kein Empfangen eines Begriffs durch andre.

1. Schon in der Idee des Wissens liegt ja das Postulat daß jeder sich dies Denken eben so soll construiren können, und jeder | Begriff ist auch nur in der Production.

2. Im Gebiete des Wissens giebt es also auch kein Verhältniß wie zwischen Erfinder und Nachahmer, sondern alles wahrhaft erfundene kann nur außerhalb des Wissens im Gebiet des unbestimmten Denkens liegen und im Wissen ist jeder Erfinder nur primus inter pares.

3. Dieses ist das richtige in dem platonischen Ausdruke daß jedes Lernen nur ein Erinnern sei. Sonst der Ausdruk eben so mißverständlich als das angeborne. Wir haben den Begriff ehe er zuerst in uns entsteht noch nicht als Begriff in uns gehabt sondern der Vernunft ist nur der Schematismus aller wahren Begriffe als lebendiger Trieb eingebohren.

178. Indem wir den Anspruch auf gleichmäßige Begriffsproduction absolut angesehen auf das ganze menschliche Geschlecht ausdehnen so knüpfen wir sie an die Gleichheit des SelbstBewußtseins in Allen.

1. Kinder und rohe Menschen machen die Prätension auch an Thiere p, weil in ihnen zwar das Bewußtsein des

Lebens überhaupt aber noch nicht das specifische des menschlichen Bewußtseins bis zu einer gewissen Klarheit entwikelt ist. Natürlich ist dies Hyperbaton weil wir uns für die bewußtlosere Praxis des gemeinen Lebens nie vollkommen davon losmachen können. Wir kommen aber davon los in wiefern wir den Thieren kein Ich zuschreiben d. h. keine zusammenhängende Wahrnehmung ihrer inneren Affectionen, wenn auch die äußere als gleich gesezt wird.

2. Wir knüpfen sie nicht an die gleiche äußere Affection da wir vielmehr durch jede Mittheilung eine Gleichheit der Begriffe auch bei verschiedenen äußeren Affectionen bezwecken. Also ist kein Anknüpfungspunkt übrig als die Identität der organischen Affec- | tion abgesehen von ihrem objectiven Inhalt also rein von ihrer inneren Seite betrachtet. Dies ist die intellectuelle Seite von dem Eindruk der Identität der Gestalt.

3. Inwiefern nun in dieser Anknüpfung gesezt ist daß im Selbstbewußtsein sich das ganze System der Begriffe entwikeln könne und müsse, ist dieses das richtige in der Idee vom Mikrokosmus deren Wurzel ist daß der Mensch alle Stufen des Lebens in sich hat und hieran seine Vorstellungen vom äußern Sein anbildet.

179. Wenn die das Wissen constituirenden Begriffe ein Ganzes bilden: so bilden nicht etwa die andern Begriffe ein andres Ganzes außer diesem sondern sie hängen diesem an als Uebergangspunkte.

1. Nicht nur diejenigen welche als Irrthümer einerlei Gegenstand mit einem Wissensbegriff haben, haben dieselbe Quelle sondern auch die scheinbar frei gebildeten. Denn auch diese sind höher angesehen Irrthümer (z. E. Centaur und Sirene) da der Gegenstand des Wissens und Denkens nur Einer ist im ganzen.

2. Wenn auch nicht je weniger Wissen desto mehr freies Denken und je mehr desto weniger weil das wenige Wissen inwiefern im Mangel der Aufregung des Triebes gegründet auch wenig freies Denken zuläßt, und umgekehrt: so kann man doch sagen[:] Wenn das Wissen nach

allen Seiten hin völlig vollendet wäre so würde das Denken aufhören. Es besteht nur in Versuchen auch solche Zweige des Begrifssystems zu gestalten wozu noch keine organische Affection gegeben ist, oder solche organische Resultate aufzufassen wozu der richtige Subsumtionsweg noch nicht gefunden ist, oder das fehlende äußere Sein zu ergänzen welches alles mit dem Wissen selbst aufhört.

3. Glaubt man nun das Verfahren mit diesem Denken sei das Element der Kunst oder der Poesie so folgt freilich daß die Kunst abnehmen muß in dem Maaß als die Wissenschaft zunimmt, aber die Ansicht möchte unrichtig sein. |

180. Zweitens. Soll es ein Wissen unter der Form des Begriffs geben daß also dem im Begriff gedachten ein Sein entspricht: so muß im Sein auch wie im Begriff ein Gegensaz des Allgemeinen und des Besonderen stattfinden.

1. Denn der Begriff hatte in diesem Gegensaz sein Wesen und alles in ihm gesezte war in dieser Form gesezt. Es giebt also nichts worin das Sein dem Begriff als solchem entsprechen kann als dieses.

2. Diese Lehre ist die Lehre von den Ideen oder der Realismus der Begriffe. – a. Diese Theorie hängt schon zusammen mit dem Verwerfen der realistischen Ansicht als ausschließend und man muß hier gegenüberstellen Realismus der Begriffe und Realismus der einzelnen Dinge. Denn wenn die absolute unbestimmte Mannigfaltigkeit nicht das ganze Sein ist so muß es[,] da jene unter dem Begriff liegt[,] ein dem Begriff gleichgestelltes oder auch über ihn gestelltes Sein geben. b. Wenn man Lehre von den Ideen und Lehre vom Realismus der Begriffe gleich stellt so sezt man Idee und Begriff nicht gleich. Im antiken platonischen Sprachgebrauch werden die drei Worte *εἶδος ἰδέα γένος* vermischt gebraucht theils für das im Denken theils für das im Sein gesezte allgemeine. Später hat man Idee für das lezte genommen oder auch für den Begriff als Wissen also in wiefern ihm ein solches entspricht.

181. Wie der niedere Begriff im höheren seiner Möglichkeit nach gegründet ist und in der Mannigfaltigkeit näherer Bestimmtheit jenen zur Anschauung bringt; der höhere aber ein productives Zusammenfassen einer Mehrheit des niederen ist so ist auch das niedere Dasein ein | das höhere zur Anschauung bringendes, oder dessen Erscheinung, und seiner Möglichkeit [nach] nur im höhern gegründet; und das höhere ist der productive Grund oder die Kraft zu einer Mehrheit der Erscheinungen.

Also das den Gattungen und Arten als allgemeinen Begriffen entsprechende Sein[13] sind die lebendigen Kräfte als für sich geseztes und sezbares Sein und das den einzelnen Vorstellungen als niederen entsprechende sind die Erscheinungen.

182. Wie ein allgemeiner Begriff in anderer Beziehung auch ein besonderer und ein besonderer ein allgemeiner sein kann und eben dadurch das Gebiet des Begriffs beschränkt ist: so kann auch jede substantielle Kraft als Erscheinung und jede Erscheinung als Kraft betrachtet werden und ist eben dadurch das Gebiet des substantiellen Seins begrenzt.

Die untergeordnete = mehr specifische Kraft ist eine von den Erscheinungen einer höheren, und jedes einzelne Ding (Mensch) in Beziehung auf seine Gattung (Menschheit) nur Erscheinung ist doch wieder Kraft, in so fern es[14] eine Mannigfaltigkeit von Erscheinungen aus seiner Einheit, die in so fern auch im Begriff zusammengefaßt werden kann hervorbringt und so überall.

183. Eben deshalb kann die höchste Steigerung des Begriffes der Kraft nicht dasjenige sein was der oberen Grenze des Begriffs entspricht nem- | lich die Gottheit.

1. Diese Construction der Gottheit, die pantheistische kommt auf zwiefache Art zu Stande a. auf der Seite der abstracten Begriffe durch Aufsteigen in den Gegensäzen indem man das Ideale und das Reale als die beiden höchsten Kräfte ansieht und diejenige von welcher beide

[13] [H:] sein
[14] [H:] er

ausgehen als die über welcher keine andere kann gedacht werden. b. Auf Seite der lebendigen Begriffe indem man von den Gattungen aufsteigt zur Einheit der Lebenskraft, und durch Coordination des Leblosen zur Einheit des Weltkörpers; dann durch Coordinanation der Pluralität der Weltkörper zur Einheit der weltbildenden Kraft, in welcher weil alles reale Denken in der organischen Natur eingeschlossen sein muß auch der Gegensaz zwischen Begriff und Gegenstand aufgehoben ist.

2. Wie der Begriff in uns nicht wahrhaft ist als mit dem System seiner untergeordneten zugleich: so würde auch von dieser absoluten Kraft gesagt werden müssen sie sei nicht anders als mit ihren untergeordneten, der lebendigen Einheit der verschiedenen Weltkörper zugleich und durch sie, worauf auch die Naturphilosophische Vorstellung des Absoluten zurükläuft, und von jener sie sei nicht anders als in dem correspondirenden Sein des Idealen und Realen.

3. Dann ist sie aber ganz unter die Form des höchsten Begriffs gestellt, und entspricht also nicht dem über den Begriff erhabenen und außerhalb desselben gesezten Gedanken, dem also auch nur entsprechen kann, was außerhalb des Gebietes der erscheinenden Kraft liegt.

4. In wie fern also die Gottheit entsprechen | soll jenem begrenzenden Gedanken, kann sie nicht als die höchste Gattung gedacht werden.

5. Der spinozistische Begriff kann hier besonders nicht beurtheilt werden. Er ist nur eine abstracte Formel da er gleich in einen abstracten Gegensaz ausgeht; er kann also wol eine Realität haben, die aber hier nicht der Ort ist zu untersuchen.

184. Die Ueberzeugung von der Gottheit liegt also nicht in Einer Reihe mit der Ueberzeugung vom Gegensaz der Kraft und Erscheinung im Sein.

1. Wäre dieses, so müßten wir auch die Gottheit eben so lebendig und unmittelbar anschauen können, wie wir die Gattungen anschauen, welches unmöglich ist.

2. Wegen dieser Analogie hat auch die pantheistische Idee

niemals als Ausdruk des religiösen Bewußtseins können geltend [gemacht] werden, sondern ist immer von diesem verworfen worden.

3. In der Naturphilosophischen Construction ist der Fehler klarer. Denn die Pluralität von Weltkörpern insofern ihre Einheit sich in einer Duplicität organischer und anorganischer Kräfte manifestirt ist nur eine Fiction, und das Wissen geht nicht weiter als bis zur Einheit des Weltkörpers in welcher der Gegensaz des idealen und realen auf eine relative Weise gebunden und eine relative Totalität von untergeordneten Kräften zusammengefaßt ist.

4. Man kann die Krisis auch so fassen. Die Naturphilosophische Construction bleibt im Gebiet des Eigenthümlichen und kann deshalb nicht auf etwas kommen das dem absoluten Wissen entspricht. Die Spinozistische bleibt zwar im universellen aber sie ist eben deshalb bloße Formel.

185. Dem Gedanken von der Möglichkeit einer Mehrheit von Urtheilen in dem der Begriff nach unten endet | entspricht auf der Seite des Seins die chaotische Materie oder das materielle Chaos.

1. In diesem ist gesezt eine unbestimmte Mannigfaltigkeit; der bestimmte Gegensaz von Einheit und Vielheit ist aufgehoben dadurch daß die Vielheit untergeht aus Mangel ihres Gegensazes, der Einheit, und der relative Gegensaz des Allgemeinen und Besonderen mit welchem schon Form gesezt sein würde verschwindet im Isoliren des Besonderen. Dies ist die negative Seite jenes Gedankens.[15]

2. In der chaotischen Materie ist aber gesezt der unbestimmte Grund aller organischen Affectionen (mittelbar freilich nur) also der Grund zu einer Mehrheit von Urtheilen aus welchen Begriffe erst gebildet werden können also vor allem Begriff von unten her, und das war die positive Seite jenes Gedankens.[16]

[15] [kein Absatz in H]
[16] [H:] Gedanken

186. Die absolute Materie liegt nicht in Einer Reihe mit den auf- und absteigenden Evolutionen von Kraft und Erscheinung, und sie hat also nicht dieselbe Realität wie dieses Gebiet.

1. Wie jedes einzelne lebendige Ding noch Identität von Kraft und Erscheinung ist; so ist auch jede Action. Denn sie ist in ihrer Wiederholbarkeit in Zeit und Raum Eines aber auch vieles und zwar begriffsmäßig vieles weil sie jedesmal mit anderen Modificationen wird gesezt sein (principium indiscernibilium).

2. Sezen wir die Einheit der Action als dasjenige was begriffsmäßig nicht mehr zu theilen ist: so kann man nur noch mathematisch erfüllte Zeit und bewegten Raum theilen und dann bleibt die Möglichkeit der verschiedenen Einwirkung übrig ohne alle Beziehung auf Einheit des Subjects und also auch auf bestimmte Vielheit. Aber | dann sind wir auch nicht nur aus der Identität von Kraft und Erscheinung herausgegangen sondern es hat auch die Erscheinung selbst ihre Einheit verloren.

3. Diese mathematische Theilung lag offenbar gar nicht im Schema des vorigen Prozesses. Hat also der Gedanke eine Realität so muß sie anderwärts gegründet werden können.

4. Die Totalität aller Actionen aber muß aufgehen in der Totalität alles bewegten Raumes und aller erfüllten Zeit; also geht auch die Totalität der absoluten Materie auf in der Totalität des im Gegensaze von Kraft und Erscheinung gesezten Seins, begrenzt also dieses Gebiet nicht realiter, sondern ist nur eine Abstraction. Durch Abstraction aber können wir die Materie schon auf jedem Punkt des Denkens haben wenn wir nemlich Urtheile produciren zu denen wir die Begriffe noch nicht haben oder durch welche werdende Begriffe erst sollen vollendet werden.[17]

187. Die so erzeugten Vorstellungen von Gott und der Materie als Principien der Weltbildung gesezt bringen die Welt nicht zu Stande.

[17] [„aber können . . . werden." mit Verweiszeichen am Rand]

1. Das Wissen in der Form des Begriffs umfaßt das ganze Gerüst unseres realen Wissens Ethik und Physik. Denn das im Gegensaze von Kraft und Erscheinung der Form des Begriffs entsprechende Sein enthält das System der sich reproducirenden substantiellen Formen. In der gewöhnlichen Metaphysik wird nun dieses System als gegründet angesehen, entweder in beiden oder in einem von beiden als ihren Principien.

2. Entweder Gott bildet die Materie. Dann kommt freilich durch ihn Einheit und Vielheit in die unbestimmte Mannigfaltigkeit, aber in ihm selbst ist nicht die absolute Einheit des Seins. Oder Gott betrachtet die aus der Materie sich bildende Welt. Dann ist auch in der Materie nicht die bloße unbestimmte Mannigfaltigkeit. In beiden Fällen ist die Identität von Kraft und Erscheinung nur eine entstandene also nicht der Form des Begriffs gemäße.

3. Oder einseitig Gott erschafft die Welt aus Nichts; also die Vorstellung der bloßen Materie wird negirt; aber dann wird auch die Erscheinung | ein bloßer Schein. Denn wie kann aus der Kraft welche nie als Erscheinung zu sezen ist die Identität der Kraft und Erscheinung sich entwikeln. Eben so[:] die Welt bildet sich selbst aus dem Chaos und die Gottheit wird negirt; aber dann wird das Stehen der Kraft über der Erscheinung ein bloßer Schein und es existirt eigentlich nichts als die absolute Materie.

188. Beide Vorstellungen sind so entstanden nichts als Repräsentanten des lezten Grundes Gott der Totalität unserer intellectuellen Actionen aber abstrahirt von allem was durch die organische Function entsteht und die Materie der Totalität unserer organischen Affectionen abstrahirt von allem was durch die intellectuelle Function entsteht.

1. Objectiv gedacht wäre auch die Gottheit auf diesem Wege gefunden nur die höchste Gattung das allgemeinste Ding, ens summum, universalissimum, welcher Inhalt durchaus der auf diese Idee gerichteten Tendenz nicht entspricht, wie auch schon deshalb nicht weil die ganz leere und verworrene Vorstellung der Materie an sich das

wahre Correlatum dazu ist. Wüßten wir auch um die Gottheit mit der Gewißheit wie um den Gegensaz von Kraft und Erscheinung: so wäre unser Wissen um die Gottheit homogen mit unserem physischen und ethischen, und eine Construction die hierauf Anspruch macht kann schon nicht die der Gottheit sein.

2. Es war hier nur der Zwek dieser Construction ihren rechten Inhalt anzuweisen und zu zeigen worin diese einseitige und ungenügende Vorstellung gewurzelt ist. |

189. Das Wissen unter der Form des Urtheils als von Allen gleich producirtes Denken ist nicht gegründet in der Identität weder der intellectuellen noch der organischen Function.

1. Bedingt ist es zwar in einem gewissen Sinn durch beide denn ein Urtheil ist nicht möglich ohne einen dem Subject gleichgestellten Begriff, und die gewußten Begriffe sind in der Identität der intellectuellen Function gegründet und ein Urtheil ist nicht möglich ohne eine Wahrnehmung von einem dem Begriff gleichgestellten Dinge, und die Identität von dieser gründet sich in der Identität der Sinnlichkeit.

2. Begründet aber dem Wesen nach ist es in keiner von beiden. Denn das Urtheil geht gar nicht von der intellectuellen Function aus, indem dasjenige was durch das Urtheil zu dem vollständigen Begriffe hinzukommt nur die Wirklichkeit des in ihm als Mögliches gesezten[18] ist, in dem Gebiet der intellectuellen Function aber giebt es keinen Gegensaz von Möglichkeit und Wirklichkeit. Die Identität der organischen Function für sich aber begründet nicht die Identität der Urtheilsproduction denn dieselben Affectionen können in ganz verschiedene Urtheile zu verschiedenen Zeiten zusammengezogen werden.

190. Es kann also eine allgemeine Urtheilsproduction nur geben inwiefern diese gegründet ist in der Einerleiheit der Beziehung zwischen der organischen Function und | dem außer uns gesezten Sein.

[18] [H:] geseztem

1. Das organische Vermögen in seiner Thätigkeit oder die organische Affection hat zwei Seiten eine nach innen gewendete in Bezug auf welche sie Empfindung heißt und eine nach außen gewendete, nemlich nach dem afficirenden außer uns gesezten Sein, in Bezug auf welche sie Wahrnehmung heißt.
2. Die Empfindung ist was sie ist vermöge ihrer Gehörigkeit zu der einzelnen Person also Grund und Siz der (freilich auch der Identität in der Gattung untergeordneten) Eigenthümlichkeit, nicht Gemeinschaftlichkeit.
3. Ein gleiches Urtheil ist also nur möglich auf dem Gebiet der überwiegenden Wahrnehmung in so fern eine gewisse Affection durch das Sein und ein gewisser Zustand des äußern Seins an sich eins und dasselbe ist; so daß der gleiche Zustand auch gleich afficire und die gleich afficirten auch ihre Affection auf denselben Zustand als Grund zurükwerfen.
4. Dies ist das Wahre in der Lehre von einer allen identisch gegebenen Außenwelt unter welcher aber hier mit Recht nur die Totalität der auf die organischen Affectionen sich beziehenden Zustände kann verstanden werden.

191. Wie das Wissen mitconstituirenden Urtheile entwikeln sich daher auch aus diesem identisch gegebenen in jedem einzelnen nach Maaßgabe der Thätigkeit seiner intellectuellen Function, und es giebt eigentlich kein Empfangen eines Urtheils von einem Andern.
1. Nemlich die Affection giebt kein bestimmtes | Urtheil ohne Subjectbegriff[e], diese aber entwikeln sich nur aus der intellectuellen Function.
2. Von dem Urtheil eines Andern kann ich mir daher nur unmittelbar aneignen die Nachbildung seiner Affection; alles andre habe ich nur in wie fern ich es producire.
3. Dies ist das wahre an der Behauptung, man wisse nur was man erfahren habe.
4. Vermöge der Zusammengehörigkeit aller organischen Affectionen aller die in dieser Lehre liegt folgt nun daß die Totalität aller Urtheile Aller ein Ganzes bildet, welches in der Totalität der Actionen der Außenwelt auf-

geht ohne weder darüber hinaus zu gehen noch etwas zurükzulassen.

192. Wenn wir den Anspruch auf gleiche Urtheilsbildung an alle Menschen machen: so knüpfen wir sie an die Voraussezung von einem gleichen äußeren Bewußtsein in Allen gleichgestellten.

Das Gegenstük zu der obigen Anknüpfung an das Selbstbewußtsein; und das eigentliche Princip der Gemeinsamkeit der Erfahrung die vielleicht oben besser zu löschen und nur die Identität der Principien zu sezen ist.

193. Inwiefern der Form des Urtheils das Sein entspricht muß gesezt sein eine Gemeinschaftlichkeit des Seins oder ein System der gegenseitigen Einwirkung der Dinge.

1. Wie die Hineinsezung des Prädikats in das Subject etwas in diesem nicht liegendes ist: so muß auch in dem unter den Gegensaz von Kraft und Erscheinung gestellten Sein etwas gesezt sein das in jedem nur zum Theil gegründet ist, und einen Theil seines Grundes anderwärts hat, und wie das Prädicat | in mehreren Subjecten dasselbe nirgend aber für sich gesezt ist weil es sonst Subject würde so muß auch in dem subjectischen Sein etwas in vielen dasselbige aber nirgends für sich gesezt sein, weil es sonst auch als eine Identität des Gegensazes von Kraft und Erscheinung gesezt wäre.

2. Der andre Theil des Grundes kann daher nur im andern für sich gesezt sein welches eben wie dasselbe Prädicat in Vielen ist und demselben Subject viele Prädicate zukommen ein durchaus gegenseitiges sein muß. Das dem Urtheil entsprechende Sein ist also das Zusammensein der Dinge, vermöge des jedes im Andern ist und sowol in ihm hervorbringt als von ihm leidet.

3. Diese Gemeinschaft ist nicht die des Auf- und Absteigens denn diese ist ein gänzliches Gegründetsein nicht ein partielles; sondern sie ist eine völlig werdende jedes für sich gesezten mit dem andern[;] nicht in wie fern es ein höheres oder niederes zu ihm ist sondern in wiefern ein anderes.

4. Das Gebiet dieser Gemeinschaft ist das zufällige und

veränderliche zu dem beharrlichen und wesentlichen welches im Gegensaz von Kraft und Erscheinung gesezt ist, jenes aber besteht in der Gegenseitigkeit von Ursach und Wirkung.

194. Das Sein welches der Form des Urtheils ausgezeichnet entspricht ist das vereinzelte; alles andere nur in sofern es doch unter dieser Form gesezt ist.

1. Die einzelnen Dinge als Exemplare ihrer Art angesehen bilden hier eine Abstufung die man nicht übersehen kann. Denn sie constituiren auf eine eigene Weise ihre Art und fassen auch auf eine eigene Weise ihre Erscheinungen unter sich. |

2. Die unmittelbaren Erscheinungen werden nur in einem unvollkommenen Urtheil in das Bewußtsein aufgenommen; sie sind in andrem aber wenn nicht im einzelnen Dinge dann auf unbestimmte Art. Die einzelnen Dinge selbst sind gleich der Totalität ihrer Zustände und Actionen und ihr Dasein ist NB unter der feststehenden Form des Dinges ein immer wechselnder Ausdruk seines Zusammenseins mit allem andren.

3. Die Arten und höher hinauf drüken nicht unmittelbar in sich selbst das Zusammensein der Dinge aus[19], und gehen nicht in einer Totalität von Ursachen und Wirkungen auf; aber sofern sie in der Production der einzelnen Dinge und Arten aufgehen[20], und was in diesen gesezt ist, seiner Wirklichkeit nach nicht in ihnen allein gegründet ist drüken sie ebenfalls das Zusammensein aus, wie z. E. das Sein gewisser Arten in der Gattung an ein gewisses Klima gebunden ist, drükt dieses das Zusammensein der lebendigen Kraft der Gattung mit den verschiedenen Naturbedingungen aus, und kann daher in dem Begriff der Gattung an sich niemals aufgenommen werden. So haben die allgemeinen Dinge einen zwar untergeordneten aber doch wesentlichen Antheil an der Form des Urtheils aber nur in wiefern sie als einzelnes wirkliches in der Trennung

[19] [H:] dar
[20] [H:] aufgeht

der Kraft und Erscheinung, nicht in der Identität von beiden als productive Form gesezt sind.

195. Alles endliche Sein geht also eben so wohl auf in dem System von Ursachen und Wirkungen als in dem System der substantiellen Formen und es ist dasselbe Sein welches der Form des Begriffs und welches der Form des Urtheils entspricht.

1. Nemlich alles uns wirklich gegebene Sein. Die Mehrheit der Weltkörper ist uns zwar als dem unsrigen gleich gesezte nicht gegeben aber Zusammensein des unsrigen mit ihnen ist uns schon durch ihr mathematisches | Verhältniß[21] gegeben. Da nun alles Sein was dem Begriff entspricht in dem idealen und realen System unseres Weltkörpers gegeben ist alle der Erde eingeborenen Kräfte aber als ihre Actionen durch ihr Zusammensein mit den andern Weltkörpern bestimmt sein müssen[22] so ist das System der Kräfte und das System der Wirkungen und Ursachen dasselbe Sein.[23]

2. Und da im Zusammensein mit andern unser Weltkörper doch als ein Einzelner erscheint so geht sein Dasein ganz im System der Veränderungen auf.

196. Es ist also eben so wahr daß das ganze Sein steht, als daß das ganze Sein im beständigen Fluß ist.

1. Denn das System der Begriffe ist ein stehendes Sein, wenn man sie nemlich als vollendet sezt; und eben so das System der substantiellen Formen jede auf ihrer Stuffe betrachtet ist unveränderlich. Und dagegen das System der Urtheile ist in beständigem Fluß; kein Prädicat wird dem Subject als dauernd beigelegt, die Beilegung muß immer erneuert werden; eben so ist das System der Ursachen und Wirkungen im Fluß. Was durch das Zusammensein entsteht ist ursprünglich nur momentan, sonst wäre es im Sein gesezt und wird immer nur als in einer Wiederholung von Momenten sich erneuernd gedacht.

21 [H:] mathematisches Verhältnisse
22 [H:] muß
23 [kein Absatz in H]

Und wie im Wesen des Urtheils der Wechsel entgegengesezter Prädicate liegt, weil nur das ins Urtheil eingeht was sich gegen den Begriff indifferent verhält so auch im Wesen des Causalitätssystems der Wechsel entgegengesezter Einwirkungen und Zustände und also der Oscillation im Zusammensein.

2. Beide Ansichten sind in der alten Philosophie stärker gegen einander getreten, aber nur wahr in ihren Positionen und falsch in ihren Negationen. Daher auch beide mit einander müssen combinirt werden, welches auch dadurch geschieht daß stehendes Sein und fließendes Sein eben so von einander abhängig sind wie Begriff und Urtheil. Denn wie könnte es ein System von Einwirkungen geben wenn nicht feste Punkte im Sein gegen einander ständen? Ein bloß positives | Ich und bloß negatives Nicht-Ich geben in keinem Sinn eine Welt. Und wie könnte es ein System von substantiellen Formen als wahres Ganzes geben wenn nicht jedes in seiner Production von dem außer ihm gesezten abhängig wäre, und diese Abhängigkeit als der eigentliche Grund der differenten Erzeugung müßte gesezt werden. Die Welt ist also offenbar nur in beidem zusammen gegeben; jedes für sich ist halb und unverständlich.

3. Beide Ansichten in ihrem gegeneinandertreten gehen auch einseitig aus die eine auf die Präformation der intellectuellen Function, die andre auf die ewige Beweglichkeit der organischen Function.

197. Auch das Wissen unter beiden Formen geht also auf denselben Gegenstand, und ist sich auch der Form nach nur relativ entgegengesezt, und es giebt ein Wissen mit dominirender Begriffsform wobei das Urtheil nur als conditio sine qua non erscheint oder ein speculatives Wissen, und ein Wissen mit dominirender Urtheilsform wobei der Begriff nur als solche Bedingung erscheint d. h. das empirische oder historische Wissen.

Die Naturbeschreibung, welche lebendige Kräfte aufzählt, müßte hiernach das speculative auf der Seite der Naturwissenschaft sein sie erscheint aber offenbar als das empirische; und die eigentlich sogenannte Physik, die es mit den Actionen zu thun hat müßte das empirische sein, sie ist aber offenbar das speculative denn sie ist construirt. Diese Einwendung hebt sich bei näherer Betrachtung. Die Naturbeschreibung ist allerdings aus einem Aggregat von Beschreibungen entstanden. Sie wächst von außen; neue Gattungen und Arten werden entdekt ohne daß man vorher die Lücke gefühlt hätte. Allein man sieht auch daß alle ihre Begriffe unvollständig sind und alle Theilungsgründe unzuverläßig und daß sie nur wird Wissenschaft werden wenn sie sich umkehrt, und wenn die niederen Begriffe wirklich als das System der Productionen des höheren erscheinen und der begleitende sinnliche Typus der Ausdruk | einer Idee ist. Die sogenannte Physik hat es freilich mit den Actionen zu thun; aber theils ist ihr speculatives Verfahren nur scheinbar; es besteht in Sprüngen vom untersten zum obersten, von den einzelnen Erscheinungen zu den allgemeinsten Kräften[;] theils geht sie zwar von den Actionen aus aber nicht auf sie hin; denn näher besehen geht ihre ganze Tendenz auf Auffindung des identischen und differenten in den verschiedenen Gebieten des Lebens, also sucht sie die Principien der Naturbeschreibung.

Auf dem ethischen Gebiet ist die Congruenz klar. Die eigentliche Ethik handelt von den feststehenden Formen und trägt offenbar den speculativen Charakter. Die Geschichte handelt von den Actionen und trägt offenbar den empirischen Charakter. Die Ethik empirisch behandeln wollen wird offenbar für Unvermögen und die Geschichte speculativ wird allgemein für verkehrt erkannt.

198. (Zweiter Zusaz zu 195) Alles im Gebiete des Seins ist eben so frei als es nothwendig ist.

Frei ist alles in sofern es eine für sich gesezte Identität von Einheit der Kraft und Vielheit der Erscheinungen ist. Nothwendig ist es insofern es in das System des Zusammenseins verflochten als eine Succession von Zuständen erscheint. Je fester es als Einheit in sich begründet ist um desto mehr bietet es den äußern Kräften etwas dar an das sie sich wenden können, und je mehr etwas von den äußern Kräften afficirt wird um desto mehr ist es aufgefordert alles was in ihm der Möglichkeit nach begründet ist auch zu realisiren. Frei und nothwendig sind einander nicht contradictorisch entgegengesezt sondern das gemeinschaftliche contradictorische Gegentheil beider ist das zufällige. Je zufälliger ein Ding ist wie die vorübergehenden vegetabilischen Productionen um desto weniger ist Freiheit d.h. Einheit in sich selbst begründet, und um desto weniger ist auch Nothwendigkeit d. h. beharrliche Spiegelung der andern Dinge darin; es ist nur als Durchgangspunkt für die Facta des allgemeinen Lebens gesezt. | Ja man kann sagen Freiheit und Nothwendigkeit sind jede das Maaß der andern. Die Freiheit eines Dinges ist das Ding ganz, und die Nothwendigkeit eines Dinges ist das Ding auch ganz, nur von einer andern Seite angesehen. Jedes Ding ist nur nach verschiedenem Maaße hierin das Bild des Ganzen.

199. Jedes Gebiet eines Zusammenseins muß also auch ein für sich geseztes sein, oder ein organischer Bestandtheil des Systems der Kräfte.

1. Bei Urtheilen, in welchen beide Factoren ausgedrükt sind, und zu gleichen Antheilen stehn (z. E. A und B lieben sich) ist klar daß dieses Causalitätsverhältniß nur stattfindet in so fern beide in Einem höheren (Kunst Wissenschaft Staat) zusammengefaßt sind. Insofern also dieses höhere als lebendige Kraft gesezt ist, ist ihr als individueller Bestandtheile Aufeinanderwirken auch gesezt. Dasselbe wird in allen ähnlichen Fällen auch auf dem physischen Gebiet gelten.

2. Wenn die beiden Factoren in einem Urtheil zu ungleichen Antheilen stehen (z. E. A lehrt B) so macht dies keine Aenderung. Denn ist es nur ausgedrükt daß das gemeinsame in jedem von ihnen auf verschiedene Weise gesezt ist z. E. als Receptivität und Spontaneität. Aber wenn ein Gebiet des Wissens als lebendige Kraft gesezt ist so ist nothwendig ein Trieb der Mittheilung gesezt

unter beiden Differenzen und ein Zusammentreffen beider zu gemeinsamer Action.

3. Bei Urtheilen wo nur Ein Factor ausgedrükt ist latitirt als anderer ein höheres oder niederes Sein, dessen Zusammensein mit dem niederen oder höheren ein vermitteltes ist, z.E. A lernt; Gebiete des Wissens als höhere Kraft vorausgesezt woraus er schöpft, das Resultat also eine gemeinschaftliche Action; aber er schöpft nur aus dem Ganzen indem er von einem Einzelnen | schöpft. – Der Baum blüht. Zusammenwirken des allgemeinen Lebens der Erde mit dem Einzelnen; der einzelne Baum hat daran nur Theil insofern er in die Gesamtheit des Einzellebens aufgenommen ist. – Die Sonne wärmt. Dies ist kein Zustand in der Sonne sondern Action, sezt also wärmungsfähiges voraus worauf sie geht, welches in einem von jenen Gebieten liegen wird. Das Einzelleben und Allgemeinleben ist aber zusammengefaßt in dem Leben der Erde, und wie dieses gesezt ist ist auch jene Theilung und das Aufeinanderwirken beider Theile gesezt.

4. Auch wenn im Urtheil beide Factoren ausgedrükt sind der eine aber ein höherer ist, ist die Gemeinschaft nur vermittelt und das gesuchte Für Sich gesezte Sein ist das über dem genannten und dem vermittelten höheren gesezte z. E. die Sonne wärmt den Stein aber nur so fern sie die Atmosphäre[24] d. h. das allgemeine Leben der Erde wärmt, und dies nur sofern sie mit der Erde überhaupt und dies nur sofern sie mit dem gesamten Planetensystem zusammen ist.

200. Das höchste Subject also von welchem nichts mehr prädicirt werden kann, und welches alles Zusammensein unter sich begreift, fällt zusammen mit der höchsten lebendigen Kraft welche unter keine höhere mehr subsumirt werden kann.

1. Zufolge des vorigen war zwar die das Zusammensein unter sich befassende lebendige Kraft ein höheres als das Subject, aber das Subject war auch Eins unter vielen, das

[24] [H:] Athmosphäre

höchste Subject aber ist in so fern keines mehr. – Die höchste lebendige Kraft aber muß alles zusammenwirkende unter sich begreifen, also ist sie das gedachte höchste Subject.

2. Von jedem höheren allgemeinen ist weniger im eigentlichen Urtheil zu prädiciren, und so kommt man durch Aufsteigen aber nicht eher als bis man über das Gebiet des uns eigentlich gegebenen Seins hinausgestiegen ist zu der höchsten lebendigen Kraft unter der Form daß von ihr nichts mehr kann prädicirt werden.

201. Die reale Bedeutung dieses Gedankens ist die auf jeder Stufe des Wissens | gesezte Wechselbegrenzung des Seins und Wissens unter beiden Formen aber der Idee der Gottheit entspricht dieser Gedanke eben so wenig als jener.

1. Jede lebendige Kraft begreift ein System von Causalität unter sich, in welchem in so fern Qualitäten und Zustände gesezt sind die von ihr selbst in so fern nicht können prädicirt werden; und jedes einzelne Causalitätsverhältniß als solches sezt ein höheres Sein voraus, welches als solches in diesem Verhältniß nicht steht. Dasselbe auf analoge Weise vom Wissen.

2. Denn von jenem Subject muß man doch sagen können daß es in der Totalität des unter ihm gesezten Causalitätsverhältnisses aufgeht und daß dieses Aufgehn nur dasselbe ist, wie sein Aufgehn in der Production der untergeordneten Kräfte.

202. Also entspricht auch weder der Begriff des Schiksals noch der Begriff der Vorsehung der Idee der Gottheit.

1. Das Schiksal ist das die Totalität aller Causalverhältnisse unter sich begreifende unter der Form des Bewußtlosen. Die Vorsehung ist dasselbe unter der Form des Bewußten.

2. Wenn man diesen Gegensaz aufheben und beides vereinigen will so geht die Bestimmtheit des Gedankens verloren und man kann ihn nicht mehr unmittelbar produciren.

203. Was dem problematischen Gedanken der Begrenzung

des Urtheils nach unten entspricht ist eben der Begriff der bloßen chaotischen Materie.

1. Wenn man das unter der Form des CausalitätsVerhältnisses im substantiellen Sein gesezte als zwiefach begründet theilt wird man nothwendig auf den Gegensaz von Form und Materie geführt und die Form zeigt sich (z. E. Baum blüht) bis auf ein minimum von Abweichungen in dem Subject selbst gegründet, die Materie aber (in so fern sie nicht wieder als Gattung | also in bestimmter Form und als Begriff gesezt ist) im Zusammensein.

2. Daher die alte und richtige Behauptung daß die lebendigen Kräfte als solche immateriell sind, und die Materie aus einer Duplicität von Kräften zu erklären ist.

3. Ueberall wo noch geformte Materie ist, ist auch noch eine substantielle lebendige Kraft auch auf dem anorganischen Gebiet[.] – Alles zusammen begründet das Gesagte[;] es kann aber nicht weiter ausgeführt werden eben weil die formlose Materie uns nirgends gegeben sondern nur Abstraction ist vom substantiellen Sein.

204. Die materielle Seite des Seins ist also für sich betrachtet die aus dem Zusammensein zu begreifende.

Dieser Gedanke hat also als Abstraction seinen bestimmten Inhalt allerdings auch, und deutet auf die Wechselbeziehung zwischen Materie für sich gedacht und Raum und Zeit als den reinen Schematen des Besonderen. Nemlich es ist hier nicht nur von der ponderablen oder den Raum erfüllenden die Rede, sondern auch von dem intellectuell materiellen oder dem im bloßen Bewußtsein die Zeit erfüllenden, beides ist vielmehr völlig zu parallelisiren. Wie das nemliche auch von der Form zu verstehen ist.

205. Jedes höhere Subject, und also auch das gedachte höchste geht auf in der Totalität des ihm unterordneten materiellen; und jedes materielle Gebiet, also auch die gedachte absolute Materie hat nur Einheit durch ein ihr entsprechend geseztes höheres Subject.

Die einseitigen Ansichten die eines von beiden für Schein erklären heben sich gegenseitig auf und ihre Wahrheit ist nur in der Combination. Auch | sieht man hier bestimmt den Ort der Skepsis gegen den Causalitätsbegriff, und wie diese mit der Skepsis gegen das Sein der materiellen Erscheinung überhaupt zusammenhängt.

206. Beide problematische Gedanken sind durch die Combination klarer, und also auch die Weltanschauung bestimmter geworden.

Nemlich theils inwiefern beide Schemata dieselben, theils inwiefern beide Enden wieder als identisch können angesehen werden.

207. (Zusatz zu 203.) Unter Materie ist nicht nur das Raumerfüllende, sondern auch das nur Zeiterfüllende, das chaotisch materielle des Bewußtseins zu verstehen.

Dieses, die Zeitbestimmung, der Grad, die Dauer sind eben so nur im Zusammensein des bewußten Subjects mit anderem gegründet, wie die Formen und die Eigenthümlichkeit im Begriff und Charakter des Subjectes selbst gegründet sind. Auch kann man dies ideal materielle um so mehr mit jenem real materiellen zusammen bringen als sich auch jenes in diesem unmittelbar abbildet, denn dieses materielle ist es was in der Physiognomie wieder erscheint.

208. (Zu 205.) Mit dem Sein ist also auch das Wissen zwischen jenen Punkten die nur als Grenzen gesezt sind, der höchsten Gattung als zugleich höchster Ursach und der absoluten chaotischen Materie eingeschlossen.

Es kann uns nur ein Sein zwischen diesen Punkten gegeben sein, und wir können nur um ein Sein zwischen diesen Punkten wissen da wir schon diese selbst nicht mehr wissen. |

209. Nur in unserm Wissen um die Totalität des Seins könnte eine Identität des speculativen und empirischen sein; jedes einzelne Gebiet des Seins kann nur auf eine von beiden Arten gesondert gewußt werden.

1. Jene Durchdringung wäre die wahre reale Weltweisheit: der eigentlich gesuchte Begriff von Philosophie.

2. Jedes einzelne Gebiet, wenn es nach einer relativ höch-

sten Gattung gemessen wird enthält kein vollendetes System von Causalität, denn sein anderes leidet auch von auswärtigem und wirkt auf solches. Und eben so, wird es nach einer relativ höchsten Ursach abgemessen so ist es kein wahres System von Kräften.

210. Anstatt einer Durchdringung des speculativen und empirischen ist uns nur eine begleitende Beziehung des einen auf das andere möglich oder eine wissenschaftliche Kritik.

1. Dies ist die relative Gestalt der Weltweisheit als Kritik; aber nicht als Kritik der Vernunft an sich sondern als Kritik ihrer Selbstdarstellung im realen Wissen.

2. Auf diese Weise ist das absolute Wissen vor der Vollendung des realen nur zertheilt und abgebildet gegeben, und ist eigentlich nur in dem nicht auszudenkenden Gedanken der Einheit des zertheilten.

211. Da das System der Actionen für uns nur da ist vermittelst der organischen Affectionen also vermittelst des bewegten Bewußtseins: so entsteht von selbst ein Gegensaz zwischen denjenigen Actionen wo das Bewußtsein nur leidend, und denen | worin es thätig erscheint, jene bilden im Umfang des empirischen das Gebiet des physischen, diese das des ethischen Wissens.

Ursprünglich[25] ist in jedem Bewußtsein einer Action daß wir der eine Factor sind und das außer uns gesezte der andre; nur mittelbar unterscheiden wir hernach im leztern selbst zwei auf einander wirkende Factoren oder auch im erstern wenn wir auf unsere verschiedenen Vermögen reflectiren.

212. Dieser Gegensaz des ethischen und physischen ist uns aber weit früher schon gegeben indem wir uns des Wissens nur bewußt worden sind mit dem Wollen zugleich.

1. Wir unterscheiden das Denken vom Wissen durch die Ueberzeugung, diese konnten wir aber nur erkennen wenn wir sie auch in einem andern hatten nemlich im Wollen. An diesen Parallelismus mußten wir also eigentlich immer zugleich denken.

[25] [H:] 1. Ursprünglich

2. Beide Charaktere des Wissens in so fern sie in der Ueberzeugung liegen sind also auch auf das Wollen anzuwenden, und es giebt also eine gemeinschaftliche Production des Wollens und ein dem Wollen entsprechendes Sein.

3. Also ist auch mit der Idee des Wissens zugleich in wiefern es dem Sein entspricht ein Gegensaz im Sein gesezt, dasjenige nemlich welches dem Denken vorangeht inwiefern das Denken nur Betrachtung ist, und dasjenige welches auf das Denken folgt, in sofern das Denken ein Wollen ausdrükt. – Dies ist nicht eine Analyse des Bewußtseins als Action also auch nur empirisch sondern das Bewußtsein ist hier schematisch betrachtet. Denn nur dieser bestimmte Gegensaz ist die Form der Identität des Bewußtseins im Fluß der Actionen. |

4. Also ist auch als der Form des Begriffs entsprechend eine zwiefache Reihe auf und absteigenden Seins zu denken, die in dem Sein welches dem Denken vorangeht, die Naturformen und in dem Sein welches dem Denken im Wollen folgt, die Sittenformen [darstellt]. Die Relativität in der Gemeinschaftlichkeit bildet hier den Exponenten der Reihe und die Glieder sind desto höher je weniger Relativität darin gesezt ist (Anmerkung. Dies läßt sich richtig verstanden von der ethischen Seite auch sagen).

213. Man kann zwar ethisches und physisches auf doppelte Weise als Eine Reihe bildend ansehen aber der Punkt wo der Gegensaz im Menschen heraustritt ist immer ein Wendepunkt.

1. Unterhalb des Menschen ist der Gegensaz zwischen ihm und dem außer ihm gesezten Sein abgestumpft und es giebt weder bestimmtes Denken noch bestimmtes Wollen. Es gehört wesentlich zu unserm Selbstbewußtsein als Gattung den Thieren beides abzusprechen. Da aber ein analoges Verhältniß statt findet zwischen Thier und Pflanze so kann man allerdings eine Reihe von Aufsteigungen der Entwiklung des idealen annehmen und den Menschen mit seinem ganzen Sein als leztes Glied sezen

so daß die Ethik nur in die Physik des Menschen verwächst.

2. Eben so aber kann man umgekehrt annehmen ein Entwikeln des realen aus dem idealen wo nun die von dem Menschen ausgehende, welche bloße Modification ist die niedrigste Stufe bildet. Höher entwikeln die Thiere das Reale welche Stoffe absezen und die Pflanzen welche materielle Keime absezen, so daß die ganze Physik als die Ethik des unbeseelten erscheint.

3. Man kann aber nicht sagen es ließe sich eben so gut eine Ethik der Thiere u. s. w. sezen. Denn die Einflüsse von den Thieren auf die Gesamtheit des Seins sind weit geringer als die des Menschen | und auf den unteren Stufen ist der Gegensaz zwischen idealem und realem abgestumpft und also die Thätigkeit des idealen Princips in seiner eigentlichen Natur nicht aufzufinden. Der Mensch ist also der Wendepunkt, von welchem allein aus das Sein unter der Form der Thätigkeit des idealen auf das reale kann angeschaut werden.

4. Erscheint der Mensch für eine Theilung des gesammten Wissens als ein zu sehr vereinzelter Punkt: so bedenke man daß er dieses zwar ist in der Möglichkeit des gesamten Seins, aber nicht in dem Umfange des uns gegebenen irdischen Seins, denn in diesem ist er die Blüthe des idealen.

214. Wir bedürfen eben so gut eines transcendentalen Grundes für unsere Gewißheit im Wollen als für die im Wissen, und beide können nicht verschieden sein.

1. Der Grund vermöge dessen Andre dasselbe wollen wie wir ist auch nicht in uns als Einzelnen gesezt, denn es ist der Grund der Identität des Allgemeinen und Besonderen, sondern zunächst freilich in der lebendigen Kraft der Gattung worauf die eigentlich ethische Deduction ruht. Aber der Grund der Zusammenstimmung unseres Wollens zum Sein, daß nemlich unser Thun wirklich außer uns hinaus geht, und daß das äußere Sein für die Vernunft empfänglich auch das ideale Gepräge unseres Willens aufnimmt, dazu liegt der Grund nicht in der Gat-

tung sondern nur in der rein transcendentalen Identität des idealen und realen.

2. Verschieden können beide deshalb nicht sein weil sonst nicht nur Denken und Wollen verschieden begründet wären sondern auch jedes zwiefach insofern jedes zugleich das andre ist. Es bliebe also eine Duplicität gesezt welche entweder wieder in einer höheren Einheit begründet sein müßte, und diese wäre dann der wahre transcendentale Grund, oder welche das Dasein zerschnitte und statt der Ge- | wißheit wieder Zwiespalt begründete.

3. Der Glaube an Gott ruht bei den meisten Menschen weit mehr auf der Gewißheit des Gewissens als auf der Gewißheit des Verstandes. Wenn sie inne werden daß sie auf dieser Seite können zur Skepsis gebracht werden recurriren sie zwar auf Gott aber selten geht der Glaube ursprünglich von dieser Seite aus weil dazu schon eine speculative Richtung gehört.

4. Philosophisch aber ist es unrecht nur die eine Wurzel gelten zu lassen und die andere zu verwerfen, wie Kant von der moralischen Seite, die meisten andern von der physischen gethan. Auch hat Kant die moralische nicht ganz recht gefaßt weil sein Begriff von Glükseligkeit zu gemein ist.

215. Dem gemäß nun haben wir auch den transcendentalen Grund nur in der relativen Identität des Denkens und Wollens nemlich im Gefühl.

1. Da er auf beides zugleich geht muß er auch als beides zugleich gesezt sein; wir haben aber keine andere Identität von beidem als das Gefühl welches im Wechsel als das lezte Ende des Denkens auch das erste des Wollens ist, aber immer nur relative Identität dem einen näher als dem andern. Wir können sagen daß mit unserm Bewußtsein uns auch das Gottes gegeben ist als Bestandtheil unseres Selbstbewußtseins sowol als unseres äußeren Bewußtseins.

2. Wenn nun das Gefühl von Gott das religiöse ist: so scheint deshalb die Religion über der Philosophie zu stehen, wie auch viele behaupten. Es ist aber nicht so. Wir

sind hieher gekommen, ohne von dem Gefühl ausgegangen zu sein, auf rein philosophischem Wege. Voll- | kommenheit und Unvollkommenheit sind in beidem gleich vertheilt, nur nach verschiedenen Seiten. Die Anschauung Gottes wird nie wirklich vollzogen sondern bleibt nur indirecter Schematismus. Dagegen ist sie unter dieser Form völlig rein von allem fremdartigen. Das religiöse Gefühl ist zwar ein wirklich vollzogenes aber es ist nie rein denn das Bewußtsein Gottes ist darin immer an einem anderen; nur an einem Einzelnen ist man sich der Totalität, nur an einem Gegensaz (zwischen dem eignen Sein und dem außer uns gesezten) ist man sich der Einheit bewußt.

216. Wir wissen nur um das Sein Gottes in uns und in den Dingen, gar nicht aber um ein Sein Gottes außer der Welt oder an sich.

1. Das Sein der Ideen in uns ist ein Sein Gottes in uns, nicht in wie fern sie als bestimmte Vorstellungen einen Moment im Bewußtsein erfüllen sondern in wie fern sie in uns allen auf gleiche Weise (also auch im Sein Gottes in der menschlichen Natur) das Wesen des Seins ausdrüken und in ihrer Gewißheit die Identität des Idealen und Realen aussprechen, welche weder in uns als Einzelnen noch in uns als Gattung gesezt ist. – Eben so ist das Sein des Gewissens in uns ein Sein Gottes. Nicht in wiefern es in einzelnen Vorstellungen vorkommt und so auch irrig sein kann, eben wie auch die Anwendung der Ideen im einzelnen irrig sein kann. Sondern in wie fern es in der sittlichen Ueberzeugung die Uebereinstimmung unseres Wollens mit den Gesezen des äußeren Seins, und also eben dieselbe Identität ausspricht.

2. Gott ist uns also, da jenes beides die beharrliche Einheit ist in dem fluctuirenden des Bewußtseins als Bestandtheil unseres Wesens gegeben. Das uns | eingeborne Sein Gottes in uns constituirt unser eigentliches Wesen, denn ohne Ideen und ohne Gewissen würden wir zum thierischen herabsinken.

3. In allen anderen Acten unsres Bewußtseins ist uns aber

nicht ein Sein Gottes in uns gegeben weil auch unser eignes Sein darin nicht ausgedrükt ist sondern nur ein Zusammensein mit anderem und also um das Sein Gottes darin zu finden außer uns heraus gegangen werden muß.
4. Wenn Gottes Sein in unsern Ideen und in unserm Gewissen ist: so sind doch beide in ihm an sich nicht gesezt weil kein Gegensaz von Begriff und Gegenstand und von Wollen und Können oder Sollen in ihm gesezt ist. Beide drüken also das Sein Gottes an sich nicht aus.
5. Das Sein Gottes ist uns in den Dingen gegeben insofern in jedem Einzelnen vermöge des Seins und Zusammenseins die Totalität gesezt ist, und also auch der transcendente Grund derselben mit; und vermöge seiner Uebereinstimmung mit dem System der Begriffe ist auch in jedem die Identität des idealen und realen gesezt und also auch der transcendentale Grund derselben.
6. In allem andern Sein und Zuständen der Dinge ist aber auf dieselbige Weise das Sein Gottes nicht gesezt wie sub 3 von uns gesagt ist.
7. Wenn uns ein Sein Gottes außer der Welt gegeben wäre: so wären also Welt und Gott für uns vorläufig getrennt, und dadurch wird auf jede Weise die Idee Gottes oder die Idee der Welt aufgehoben. Denn a.) wenn beide ohnerachtet des Getrenntseins doch auf allen Punkten zusammentreffen sollen: so muß die Welt, welche unter die Form der Zeit und des Raumes gesezt ist als eine unendliche gesezt werden, in welcher Unendlichkeit sie aber nicht kann als abhängig gedacht werden, also als eines transcendenten Grundes nicht bedürftig erscheint. – Oder b.) wenn sie um die Abhängigkeit zu retten nicht überall zusammentreffen sondern das Sein Gottes über das Sein der Welt hinausragt: so fragt sich ob das ganze Sein Gottes welches über die Welt hinausragt von demjenigen differirt welches in ihr abgebildet ist? Im be- | jahenden Falle wäre dann in Gott eine Differenz gesezt, und er also nicht die absolute Einheit. Im verneinenden Falle könnte auch das Sein der Welt nicht in ihm begründet sein weil sonst auch der über das Sein der Welt hinausragende Theil seines Seins weltbegründend und also

die Welt adäquat sein müßte wodurch man auf das vorige zurükkäme. – Kant hat dieses in seinen Antinomien zwar aufgestellt aber nicht in seinem innersten ergriffen, weshalb es bei ihm nur verwirrend wirken kann.

8. Gottes Sein an sich kann uns nicht gegeben sein. Denn es giebt in ihm keinen Begriff als in der Identität mit dem Gegenstande. Wir haben also auch nur in so fern einen Begriff von ihm als wir Gott sind d. h. ihn in uns haben. Es müßte dann auch eine auf Gott an sich sich beziehende Affection der organischen Function geben welches unmöglich ist. Eben deshalb sind Absolutes, Höchste Einheit, Identität des Idealen und Realen nur Schemata. Sollen sie lebendig werden so kommen sie wieder in das Gebiet des Endlichen und des Gegensazes hinein, wie wenn man sich Gott als natura naturans oder als Bewußtes, Absolutes Ich denkt.

217. Wir können daher zusammenstimmen mit allen inadäquaten bildlichen Vorstellungen, welche das religiöse Gefühl repräsentiren nur daß wir uns der Grenzen ihrer Geltung bewußt sind.

1. Der nur schematisch construirte Begriff will auch real werden und kann es nur indem er einseitig und relativ wird. Man weiß aber dann daß das Schema nicht ausgefüllt wird, worüber sich die bloß religiösen leichter täuschen.

2. Durch eine analoge Behandlung des ethischen würde man noch auf die zwei Schemata des absoluten Gesezgebers und des absoluten Künstlers gekommen sein, von denen man aber eben so hätte zeigen können, daß sie inadäquat sind. Man denkt sich kei- | nen Gesezgeber ohne möglichen Widerstand und keine Conception ohne eine Differenz zwischen ihr und der Ausführung.

3. Man bleibt noch vielleicht in der lebendigen Anschauung wenn man combinirt Gesezgeber und höchste Gattung, und dann wieder höchste Ursach und Künstler; aber dann bleibt man auch einseitig. Dagegen wenn man combinirt Gesezgeber und höchste Ursach auf der einen

Seite, und auf der andern höchste Gattung und absoluter Künstler so kann man das nicht mehr real construiren.

218. Die Idee (der problematische Gedanke) der Welt d.h. der Totalität des Seins als Vielheit gesezt, liegt ebenfalls außerhalb unseres realen Wissens.

1. Schon als Inbegriff von Erde und Himmel in welchem lezteren nicht eine Mehrheit von Weltkörpern gesezt war umfaßte der Gedanke die Totalität des Seins, und auch da schon als Vielheit, denn die Erde als Identität von Masse und Kraft ist nur Ein Ding und keine Welt.

2. Noch mehr aber seit der Vorstellung von einer Vielheit der Weltkörper. Denn man kann die Welt nicht denken nach der Analogie eines einzelnen Weltkörpers mit einem Centralkörper ohne daß sie endlich werde und zum einzelnen Dinge herabsinke. Sie ist also nur, in sofern man die Vielheit der Sonnen oder Milchstraßensysteme ohne sichtbare Einheit sezt.

3. Sie liegt außerhalb unseres realen Wissens, welches in der Steigerung derselben vom Anfang der wissenschaftlichen Ausbildung begriffen gewesen ist. Denn sie kann uns nie als Anschauung [gegeben sein,] in welcher speculatives und empirisches, ethisches und physisches Wissen sich durchdrängen, sondern sie bleibt immer ein unausgefüllter Gedanke zu dem das organische Element nur in entfernten Analogien besteht. |

219. Beide Ideen Welt und Gott sind correlata.

1. Identisch sind beide nicht denn im Gedanken ist die Gottheit immer als Einheit gesezt ohne Vielheit, die Welt aber als Vielheit ohne Einheit; die Welt ist Raum und Zeit erfüllend, die Gottheit raum- und zeitlos; die Welt ist die Totalität der Gegensäze die Gottheit die reale Negation aller Gegensäze.

2. Zu denken ist aber eines nicht ohne das andere. Die Welt nicht ohne Gott. Die Polemik ist immer nur gegen irgend eine der inadäquaten Vorstellungen gerichtet, denn ohne jede von diesen kann die Welt auch wirklich gedacht werden. Gott ist auch nicht ohne die Welt zu

denken; so wie man ihn gleichsam vor der Welt denkt merkt man daß man nicht mehr dieselbe Idee hat sondern ein leeres Phantasma.

220. Die Idee der Welt ist nicht in demselben Sinne transcendental wie die der Gottheit.

Nemlich wir können uns die Möglichkeit denken eben so wie in den Besiz unserer Erde so in den Besiz jedes Weltkörpers mit seinem ethischen und physischen System zu kommen. Das Hinderniß bleibt, da die Welt eben wie wir unter der Form des Gegensazes steht nur die Unendlichkeit des Prozesses und die Beschränktheit unserer Organisation unter der Potenz der Erde. – Von der Idee der Gottheit hingegen müssen wir uns bekennen daß wir sie auch durch einen unendlichen Prozeß und auch bei einer gesteigerten Organisation nie erreichen können. Denn könnten wir sie haben so müßten wir sie uno actu | haben da es gar keine Vielheit in ihr giebt. Wir können sie aber deswegen nie haben weil alles Erkennen organisch ist, sie aber organisch nicht zu fassen ist. (Sie ist daher auch realiter nur in dem Impuls den wir uns gleichsam vor dem organischen Denken vorstellen).

221. Die Idee der Welt ist aber auch transcendental auf eig ne Weise.

1. Die Idee der Gottheit nemlich ist nicht Grund unseres Wissens als eines fortschreitenden. Weder dadurch daß sich das Wissen ausdehnt kommen wir der Idee der Gottheit näher noch dadurch daß es sich vervollkommnet. Denn sie ist in jedem Act des bestimmten Wissens gleich sehr gegeben, sie ist das charakteristische Element des menschlichen Bewußtseins überhaupt. Es ist dieselbe Unfähigkeit im Thier die Idee der Gottheit zu haben und ein bestimmtes Wissen zu haben. Aber sie ist in vielen Acten nicht mehr als in Einem. Auch durch das intensive Fortschreiten des Wissens (d.h. den höheren Grad in welchem in jedem Einzelnen die Totalität ausgedrükt ist) nähern wir uns ihr nicht. – Also gäbe es kein anderes transcendentales Princip als die Idee der Gottheit so würden wir zwar immer denken und wissen aber wir würden

nicht streben im Wissen fortzuschreiten sondern dieses würde dem Zufall überlassen bleiben. Dies offenbart sich auch durch die Art wie die in der Idee der Gottheit quiescirenden die Wissenschaft verschmähen. Liegt nun in der Idee des Wissens offenbar die Tendenz zum organischen Wissen: so bedarf es auch eines transcendentalen Princips.

2. Die Idee der Welt ist troz des obigen (220) dennoch unser reales Wissen überschreitend sowol extensiv nicht nur nach außen sondern auch nach innen weil wir uns die Irrationalität zwischen unserm Wissen als Begriff und unserm Wissen als Urtheil demonstriren können welche in der Idee der Welt völlig aufgehoben sein muß, als[26] auch intensiv indem wir alle Begriffe immer nur für provisorisch halten müssen (wie unten mit mehrerem zu erweisen sein wird) in der Idee der Welt aber | alle mit Nothwendigkeit gesezt sind. Als wahrhaft transcendental muß sie daher auch sowol Princip sein als auch Form.

222. Wie die Idee der Gottheit der transcendentale terminus a quo ist, und das Princip der Möglichkeit des Wissens an sich: so ist die Idee der Welt der transcendentale terminus ad quem und das Princip der Wirklichkeit des Wissens in seinem Werden.

1. Der Idee der Gottheit nähert man sich nicht; sie liegt allem einzelnen Wissen, welches ohne sie nicht könnte vollzogen werden, auf gleiche Weise zum Grunde und ohne Beziehung auf seinen Zusammenhang. (Wir kommen ihr nur indirect näher auf zwiefache Weise, einmal durch Entfernung des Irrthums und Anerkennung des inadäquaten und dann in wie fern wir der Welt als ihrem Abbild näher kommen).[27]

[2.] Von der Idee der Welt hingegen kann man sagen daß die ganze Geschichte unseres Wissens eine Approximation dazu sei. Denn man kommt ihr wirklich näher durch extensive und intensive Vervollkommnung des Wissens

[26] [H:] sondern
[27] [Eckige Klammern in H]

je mehr sich empirisches und speculatives durchdringen.

Sie ist daher auch wirklich als vorschwebendes Schema gleichsam das praktisch transcendentale Princip des Wissens denn wir schreiten absichtlich fort um diese Idee zu Stande zu bringen. Und man kann eben so sagen es ist dieselbe Unfähigkeit im Thiere, welche es hindert die Idee der Welt aufzufassen und welche es hindert einen Trieb auf das Wissen zu haben. – Hierin aber sind die oben gewählten Ausdrüke erschöpft.

223. Von der Idee der Welt ist uns eben so wenig das Sein an sich und das Sein im Gegensaz gegen Gott gegeben sondern nur das Sein in uns und das Sein in den Dingen.

Die Welt ist in uns als Trieb sowol des Wollens als [des] Wissens ganz analog der Idee der Gottheit. Sie ist in den Dingen inwiefern das Wesen derselben bedingt ist durch ihr | Zusammensein und dadurch in einem jeden die Totalität alles endlichen gesezt ist. Daß uns die Welt nicht im Gegensaz gegen Gott gegeben ist geht aus dem obigen hervor. Ein Sein der Welt an sich ist uns auch nicht gegeben nicht nur wegen der Unendlichkeit des Prozesses sondern auch weil wir keine Vielheit wirklich sezen können ohne sie entweder als bloßes Aggregat aufzufassen was der Idee der Welt nicht entspricht oder[28] sie auf eine bestimmte Einheit zurükzuführen. Alle wirklich vollzogenen Vorstellungen von der Welt sind eben so inadäquat (wie z. E. die Trennungen in Geisterwelt und Körperwelt) und eben so bildlich wie die von der Gottheit.

224. Wir sind nicht befugt ein anderes Verhältniß zwischen Gott und der Welt zu sezen als das des Zusammenseins beider.

Denn eben so wenig wie wir einen Gegensaz beider construiren können können wir auch eine Identität beider construiren, weil in ihrem Sein in uns beide Ideen verschieden sind, auf der anderen Seite wir sie aber an sich nicht abgesondert von einander denken können. Wir

[28] [H:] noch

schweben also zwischen dem einen und dem anderen und können auch mit Besonnenheit nichts anderes erwarten. Das Sezen einer Identität und eines Gegensazes zwischen beiden ist auf gleiche Weise ein Hinausgehen aus dem realen Denken und ist doch nicht wie alles wahrhaft transcendente sein muß zugleich innere nothwendige That, folgt auch nicht aus der Art wie beide Ideen in uns transcendente Principien sind.

225. Die philosophische Kunst kann | auf keine Weise bildliche Vorstellungen über das Verhältniß beider anerkennen, mit welchen sich nicht das nothwendige Zusammensein beider verträgt. Und niemanden kann mit solchen bildlichen Vorstellungen geholfen sein welche realiter nichts als dieses Zusammensein ausdrücken.

Völlig unstatthaft ist deshalb der Schellingische Ausdruk daß das endliche Sein der Abfall von Gott wäre. Denn wenn Gott nicht ohne seinen Abfall gedacht werden kann so ist das Gute durch das Böse bedingt. Das Böse hat eine der Nothwendigkeit Gottes gleiche Realität.

Die Vorstellung daß die Idee Gottes rein gehalten nur die leere Einheit, also = Nichts sein muß und nur die Welt die volle Einheit sein müßte ist schielend; Gott ist die volle Einheit, die Welt ist die in sich eine Vielheit. Wodurch nichts außer dem Zusammengehören beider gesezt ist.

Die Vorstellung daß Gott das Urbild sei und die Welt das Abbild ist nur in so fern gültig als nicht gesezt ist das Urbild könne auch ohne Abbild sein.

226. Wenn nun (Siehe Einleitung § [14–16, 76–85.] das transcendentale und formale nicht getrennt sind sondern dasselbe so muß auch in beiden Ideen der formale Gehalt sich verhalten wie der transcendentale, und also ist die Idee der Gottheit die Form jedes Wissens an und für sich, die Idee der Welt aber die Form der Verknüpfung des Wissens.

Dieses beides ist schon oben (Einleitung [14–16] unterschieden worden als verschiedene Richtungen und Aeußerungen des formalen aber doch als Eins | nicht von einander zu trennen und eben so verhalten sich auch die bei-

den Ideen in denen diese formalen Beziehungen gegeben sind.
Jedes Wissen ist erst als solches sowol als Begriff als auch als Urtheil vollendet wenn es auf eine Einheit gebracht ist, des Allgemeinen und Besonderen, des Idealen und Realen, des Seins und Thuns und diese Einheit ist nur zu denken durch die absolute Einheit. Eben so jede absichtliche Verknüpfung eines Wissens mit dem andern (die nicht bloß Analyse ist) sucht Gegenstük zu Gegenstük, Theil zu Theil oder Ganzes zum Theil; aber so daß das Ganze immer wieder ein relatives ist und also die Vielheit gesezt bleibt.

227. Als Identität des transc[endentalen] und formalen sind beide Ideen treibende Principien die als solche nicht im Einzelnen im Gleichgewicht stehen können. Das Uebergewicht der Einen ist Theosophie das der andern ist Weltweisheit.
Die eine ist das ruhende Princip, relativ gleichgültig gegen den Inhalt des realen Wissens und gegen das Fortschreiten desselben, die Seligkeit im Wissen an sich. Die andere ist die Thätigkeit des Wissens im Fortschreiten, immer auf das Ganze gerichtet und jedes Einzelne nur als Durchgangspunkt betrachtend.
Wer überwiegend im Fortschreiten ist, von der Idee der Welt getrieben, dem kommt nicht in jedem einzelnen die Idee der Gottheit und also auch nicht die darin liegende Seligkeit zum Bewußtsein.
So sind beides Momente die jeder haben muß aber jeder in seinem eigenthümlichen Maaß. Nur wenn sich das eine ganz vom andern trennt oder aus Mißverstand so betrachtet wird geht ein Gegensaz an. Dann ist aber auch das wahre Leben der Idee des Wissens wiederum in keinem für sich, sondern wieder nur in der Einheit des menschlichen Geschlechts in welchem beide wesentlich und ewig vereint sind.

228. Die ehemalige Metaphysik in ihrem Aggregat von Disciplinen | hat auch ihr Unrecht in der Spaltung des Transcendentalen.
In der rationalen Psychologie kann nichts anderes enthal-

ten sein wenn sie nicht fantastisch werden oder ins empirische streifen soll als die Entwiklung der Idee des Wissens und der Idee des Handelns wie beide auf die Idee Gottes und der Welt als constitutive Principien des menschlichen Daseins hinführen. In der Ontologie kann wenn sie nicht empirisch sein soll oder auf der empirischen Psychologie beruhen nichts enthalten sein als[29] das jene beiden Ideen constituirende Entsprechen des Seins zur Form des Wissens und somit auch die Entwiklung der Relativität aller Gegensäze. Also diese beiden Disciplinen sind correlata die nicht zu trennen sind, die leztere aber wesentlich unter die erstere subsumirt weil uns nur in der Grundbedingung unseres Seins diese Construction des endlichen Seins überhaupt gegeben ist. Wenn aber Theologie und Kosmologie etwas anderes sein wollen als was die Ideen für die Psychologie und Ontologie sind so gehn sie über das transc[endentale] Gebiet hinaus, wie sie sich denn auch überall als tingirt von dogmatischem und empirisch physischem zeigen.

229. Kants Polemik gegen die ehemalige Metaphysik ist auch durch Mißverständnisse verunreinigt.

1. Die Idee der Gottheit könnte nicht regulativ sein, Princip des formalen, und zwar nicht bloß im Handeln sondern auch im Denken, wenn sie nicht constitutiv wäre, nemlich unser eignes Sein constituirend. – Wenn uns jemand die Idee des Wissens läugnet können wir ihm auch nur zeigen daß er die Vernunft mit läugnen müsse. Allein Kant hat den Ort der Idee der Gottheit und den Zusammenhang ihres Seins in der Vernunft nicht nachgewiesen, sondern er nimmt die Idee nur als er weiß nicht wie gegeben.

2. Freiheit und Unsterblichkeit muß sich jeder wundern als correlata der Gottheit [zu] haben da sie im | Vergleich mit ihr nur etwas ganz untergeordnetes bedeuten. Sie sind aber nur hieher gehörig in so fern die Idee des Wissens und Gewissens als in Allen identisch gedacht über die Persönlichkeit hinaus gehe (= Unsterblichkeit) und

[29] [H:] als a.

in wiefern in derselben indirect die gleiche Geltung beider Functionen und die Ursprünglichkeit des BegriffsSystems in uns gesezt ist = Freiheit.

ZWEITER TECHNISCHER THEIL

1. Wir gehen hier auch aus von der Idee des Wissens; sie wird aber betrachtet in der Bewegung.

Wir wollen das Denken als Wissen zu Stande bringen, wir suchen also das Werden des Wissens; aber nicht wie es wird durch die Veranlassung, nicht von der materialen Seite, sondern wie es wird durch Anwendung der Idee des Wissens auf die Veranlassung. Also wie die Idee des Wissens als treibende Kraft thätig ist um sich geschichtlich zu realisiren.

2. Im Hervorbringen des Wissens ist ein Gegensaz zwischen dem mehr receptiven und dem mehr spontaneen.

Nemlich es wird ein Wissen ohne vorhergehendes bestimmtes Wollen, indem die permanente unbestimmte Agilität des denkenden Vermögens sich auf die vorkom menden äußeren oder inneren organischen Affectionen wendet. Dies ist das Gebiet der gemeinen Erfahrung. – Und es wird ein Wissen nach vorhergehendem bestimmten Wollen; es wird ein Wissen gesucht, nach einer zum Grunde liegenden bestimmten Form welche sich nach ihrer Materie umsieht. Wobei aber die zum Grunde liegende Form selbst ein Denken sein muß, wenn sie ein eigentliches bestimmtes Wollen begründet.

Auch in jenem ist etwas spontanees, denn wenn nicht das eingebohrne System der Begriffe in den Wechselwirkungen als lebendiges Princip thätig wäre: so könnte auch kein bestimmtes Wissen zu Stande kommen und es ist auch etwas receptives im andern; denn das gesuchte wird nicht eher als Wissen gefunden bis uns das der Form entsprechende Sein organisch afficirt. – Der Gegensaz ist also nur ein relativer. |

3. Im ersten kommt es überwiegend nur an auf die Form des Wissens an sich, im zweiten auf die Form der Verkettung desselben.

1. Die Reihe der receptiven Hervorbringungen ist kein System; sie ist bestimmt durch das Besondere unseres Seins in Raum und Zeit, und bildet erst durch Ergänzung der Productionen Anderer die Totalität der räumlichen und zeitlichen Vorstellungen. Das Aneinanderreihen ist also hier gar nicht unser Werk sondern wird dieses erst wenn ein bestimmtes Wollen da ist. Da aber alle geordnete Wissenschaft zum Theil wenigstens aus dem so gefundenen hervorgeht: so kommt alles darauf an daß jedes gefundene für sich richtig construirt sei.
2. Das Suchen reiht an das der zum Grund liegenden Idee schon als reales Wissen entsprechende an, also ist hier die Verkettung das meiste. Die Richtigkeit der Construction findet schon wegen des freieren bewußteren Zustandes weit weniger Hindernisse.

4. Die Richtigkeit der Construction an sich ist die Richtigkeit der Begriffsbildung und Urtheilsbildung, und beide Operationen sind durcheinander bedingt.

Folgt aus mehrerem im ersten Theil schon vorgekommenen.

5. Die Richtigkeit der Combination beruht auf zwei Operationen, der heuristischen und der architektonischen, und diese sind auch durcheinander bedingt.

1. Da hier vom Wissen ausgegangen wird: so geschieht dies entweder von Einem oder von Vielem. Nur von Einem aus kann ein anderes Wissen bestimmt gesucht werden (denn Vieles muß erst wieder unter eine Einheit gebracht sein wenn sich eine bestimmte Aufgabe[30] daraus ergeben soll) dies ist die heuristische Operation „Aus einem gegebenen Wissen ein anderes nicht in demselben schon liegendes zu finden.[“] Correspondenz, Analogie ist dabei die Hauptsache. | Wenn von vielem Wissen ausgegangen wird: so kann nur die Aufgabe sein die Vielheit zu ord-

30 [H:] aufgabe

nen und auf Einheit zu bringen, und dies ist die architektonische Aufgabe. Durch beide zusammen wird die Idee der Welt in einer sich der Form nach gleichbleibenden fortlaufenden Approximation realisirt.

2. Die heuristische ist durch die architectonische bedingt denn nur nach einem bestimmten eine Mehrheit des Wissens umfassenden Schematismus kann von Einem Punkt aus ein andrer bestimmt gesucht werden. Eben so aber die architectonische durch die heuristische denn nicht jede unbestimmte Vielheit läßt sich in eine abgeschlossene Ordnung bringen, es muß erst das fehlende dazu gesucht werden.

6. Die Production des Wissens an sich und die Combination desselben stehn in beständiger Wechselwirkung.

1. Man kann jene als das ursprüngliche ansehen (wie sie auch geschichtlich im Ganzen und in jedem Einzelnen ist) weil immer schon ein Wissen muß producirt sein wenn die Speculation angeht. Man kann aber auch diese als das ursprüngliche ansehen, wie sie auch innerlich ist; denn es wird kein Wissen gebildet von der organischen Affection aus als in Beziehung auf das ganze System der angebornen Begriffe also architektonisch sowol als heuristisch.

2. Man kann sagen die Production der Erfahrung im Leben, die nicht wissenschaftlich combinatorisch verfährt darf nie aufhören. Denn wäre das System des Wissens je vollendet so könnte man sich mit dessen Betrachtung begnügen und es wäre gleichgültig ob man wüßte wie das Einzelne in Raum und Zeit sich gestaltet (wie wol auch das unrichtig wäre) Da aber das System nie vollendet ist so bedarf man immer der Erfahrung um Bestätigung und Berichtigung aus derselben zu nehmen. – Eben so aber kann man auch sagen das scientifische müsse immer schon angefangen haben.[31]

[31] [Der zweite Zusatz mit Verweiszeichen am Rand]

Erster Abschnitt
Von der Construction des Wissens an sich

7. Indem wir die Idee des Wissens in der Bewegung betrachten können wir nicht mehr davon abstrahiren ob ein wirkliches Denken mit Recht oder unrecht von dem ihre Angemessenheit aussprechenden Gefühl begleitet ist.
Die philosophische Kunst hat auf diesem Gebiet keinen anderen Zwek als reales Wissen zu produciren und sie muß also lehren die Verhältnisse des Denkens zur Idee des Wissens richtig auffassen damit sie wisse was sie anzustreben hat oder zu vermeiden. |

8. Auch dasjenige Denken wird freilich producirt welches in einem andern schon enthalten war, aus demselben aber besonders zum Bewußtsein gebracht wird aber als schon eingeleitet kann nur nebenbei davon die Rede sein.
1. Dies Geschäft steht gewissermaassen in der Mitte zwischen der ersten und zweiten Aufgabe denn es kann nach der Weise beider betrieben werden und bildet also den Uebergang.
2. Es wird am meisten durch die Syllogistische Form erkannt und durch die syllogistische Verknüpfung hervorgebracht und wie diese gleichsam das höchste Kunststük der gemeinen Logik ist so hat diese es auch vorzüglich hiemit zu thun.

9. Es giebt ein vierfaches Verhältniß des Denkens zur Idee des Wissens je nachdem sie darin abgebildet ist oder nicht, und man dieses weiß oder nicht.
1. Ein Denken, welches die beiden Charaktere an sich trägt ist ein Wissen; wenn ich nun weiß daß es[32] diese an sich trägt so weiß ich um mein Wissen; wenn ich es nicht weiß (d. h. nicht das bestimmte und völlig unterscheidende Gefühl habe) so ist dies der Zustand wo ich um mein Wissen nicht weiß. Ein Denken welches die beiden Charaktere nicht an sich trägt ist ein Nichtwissen; wenn ich

[32] [H:] sie

dabei das bestimmte verneinende Gefühl des Wissens habe so weiß ich um mein Nichtwissen. Habe ich dieses bestimmte Gefühl nicht so ist das der Zustand wo ich um mein Nichtwissen nicht weiß.

2. Das Wissen hat als solches, als Act der menschlichen Natur gleichen Werth ob ich davon das Gefühl habe oder nicht; aber mein Zustand hat in beiden Fällen eine verschiedene Dignität denn in dem einen durchschaue ich mein Bewußtsein vollkommen in dem andern nicht. – Die Klarheit des Bewußtseins als solche, als Zustand meiner Persönlichkeit hat ganz gleichen Werth, ob ich überzeugt bin daß ich weiß oder daß ich nicht weiß; aber als Act der menschlichen Natur hat sie verschiedenen Werth; denn in dem einen Fall ist ein | Theil der Aufgabe gelöst und in dem andern bleibt er noch zurük. – Eben so hat das Nichtwissen objectiv gleichen Unwerth aber subjectiv ist der besser daran der darum weiß; und der Mangel des sicheren Gefühls hat subjectiv gleichen Unwerth aber objectiv ist doch der Zustand besser in welchem ein Wissen gesezt ist.

3. Offenbar ist der vollkommenste Zustand das gewußte Wissen und diesen soll die philosophische Kunst überall hervorbringen aber sie kann es nicht in jedem Augenblik denn es kann sein [daß,] wenn die Aufgabe gegeben ist dennoch die Bedingungen nicht vorhanden sind. Offenbar ist der unvollkommenste Zustand das Nichtgewußte Nichtwissen, (von welchem sie uns zuerst erlösen muß) oder der Irrthum.

4. Die beiden andern sind Mittelzustände. Das gewußte Nichtwissen ist das freie Fantasiren im Gebiet des Denkens. Dies ist unentbehrlich im combinatorischen Proceß. Ja es ist eben deshalb im Kleinen auch in einem jedem einzelnen Wissen als Werdendem. Denn man geht allemal wenngleich unbewußt durch eine Mannigfaltigkeit von Positionen ehe man bei einer stehen bleibt. Aber es ist das was es ist nur wenn man es auch dafür anerkennt und also nicht dabei stehn bleibt. So ist es sogar ein Zeichen der Regsamkeit des Geistes und Niemand wird groß sein im heuristischen der nicht viele solche

Momente zählt. – Das Nichtgewußte Wissen kann eine doppelte Richtung nehmen. Erstlich die skeptische, weil nemlich kein absolutes Ueberzeugungsgefühl in einem Gedanken ist, ihn eben so leicht für falsch zu halten. Dies ist aber nicht der Skepticismus welcher die Realität der Idee des Wissens läugnet sondern vielmehr welcher sich auf sie allein bezieht und sie allein will. Zweitens die praktische welche weil doch materiell jenem Wissen[33] statt findet auch ohne absolutes Ueberzeugungsgefühl eben so leicht auch das falsche für wahr halten kann. Das richtige nun was in diesen Zustand aufgenommen ist, ist die richtige Meinung neben welcher aber in demselben Menschen und demselben Prozeß mit demselben Gefühl auch der Irrthum auftreten kann, z. B. der Irrthum von der Bewegung der Sonne um die Erde eben so fest geglaubt worden ist als irgend eine empirische Wahrheit. |

10. Das Ueberzeugungsgefühl ist in allen Fällen dasselbige, nur die Art seiner Anwendung verschieden.

1. Wir haben oben ([57–68]) schon festgesezt daß es nicht zwei verschiedene Potenzen des Bewußtseins giebt, müssen also vorläufig von der Identität des Ueberzeugungsgefühls ausgehen, und wenn wir sie erklären können wird dadurch jenes bestätiget sein.

2. Das Ueberzeugungsgefühl ist seiner Form nach dasjenige welches einen Act des Denkens für vollendet erklärt und abschließt. Denn haben wir einen angefangen so können wir ihn zwar abbrechen ehe ein Ueberzeugungsgefühl da ist aber wir bleiben doch immer in demselben begriffen und alles folgende ist nur Fortsezung. Nun giebt es aber zweierlei Denkacte; solche die Glieder sind einer Reihe in welcher das Denken dominirt, und Glieder einer Reihe worin es untergeordnet ist und das Handeln dominirt. In der ersten darf man eigentlich nicht völlig abschließen bis zum gewußten Wissen aber das Ueberzeugungsgefühl ist auch im realen selten ganz vollendet.

33 [Konjektur Jonas: in jenem Wissen]

Bei der zweiten Art kommt es aber nur auf dasjenige in jedem Gedanken an, was sich auf das vorseiende Handeln bezieht und es kann also und muß abgeschlossen werden ehe der ganze Act als ein gewußtes Wissen kann angesehen werden sonst würde alles Handeln erst nach allem Wissen anfangen. Also der Form nach gleich.

3. Seiner Materie nach ist das Ueberzeugungsgefühl das Zurükführen des Denkens auf die Idee des Wissens. Nun ist aber auch im Irrthum wirklich gewußtes denn aller Irrthum ist nur an der Wahrheit, wie alles Böse nur am Guten ist. Das Ueberzeugungsgefühl aber geht nur auf die Wahrheit darin, und übersieht das falsche aus Mangel an Analyse. Der Inhalt wird in Pausch und Bogen genommen, und was eigentlich richtige Meinung ist das wird erst Irrthum wenn es analytisch d. h. als reiner Denkact behandelt wird. Daher[34] der Hauptsiz des Irrthums im Raisonniren.

11. Im Prozeß des Denkens für sich sollen vermittelst der philosophischen Kunst der | Irrthum und die richtige Meinung ausgeschlossen sein, und der Durchgang nur durch die skeptische Annahme und das freie Fantasiren zum wahren Wissen gehen.

1. Denn Irrthum und richtige Meinung sind Correlata, die nur im bedingten Denken statt finden. Es bleibt also nur jenes übrig und in jedem Moment ist die Annäherung zum wahren Wissen nur ein Schweben zwischen zweifelnder Annahme und freier Sezung. – Abgeschlossen ist aber in diesem Prozeß niemals ein Act vollkommen sondern nur [relativ] abgeschlossen.

2. Inwiefern aber jede Reihe auch des reinen Denkens außerhalb des allgemeinen Zusammenhangs der Wissenschaft gesezt ist, und also ein für sich bestehendes Dasein und eine beschränkte Tendenz hat wird auch in ihr richtige Meinung oder Irrthum sein, was das außerhalb dieser Tendenz gestellte betrifft.

34 [Davor offene eckige Klammer in H]

12. Das Wissen ist im realen Denken nicht inwiefern das Ganze aus dem Einzelnen entsteht, sondern nur in wiefern das Einzelne aus dem Ganzen entsteht.

In der ersten Beziehung wird es nur immer ist aber nie, weil kein der Idee rein adäquates Denken vor der Totalität der Wissenschaft zu Stande kommt. Es ist aber in der andern, weil in jedem einzelnen Denken die Totalität des Systems der Begriffe und die Totalität des Seins mitgesezt ist, und die Uebereinstimmung beider das Agens wovon das Zusammenbinden einzelner Punkte ausgeht.

13. Die Idee des Wissens selbst in ihrer Bewegung betrachtet ist ein Werdendes, sowol im Einzelnen als im Ganzen.

Denn im Einzelnen kommt aus dem thie- | rischen analogen Zustand erst der Gegensaz zwischen dem idealen und realen allmählig zu Stande und in dem Maaß auch erst bestimmte Positionen. – Im ganzen ist der Prozeß des reinen Denkens eine spätere Entwiklung als der des bedingten; er enthält die Idee des Wissens ausgebildeter und reiner und ist also ein Werden derselben.

14. Da das reine Denken nur aus dem bedingten Denken entsteht so muß man an den Irrthum anknüpfen und sich doch vom Irrthum frei halten.

Dies geschieht indem man von der Relativität des Irrthums auf der einen aber auch von der Gewißheit daß er in einem bedingten realen Denken vorhanden sein muß ausgeht.

15. Jede Reihe des reinen Denkens die nicht aus der Totalität des wissenschaftlichen Systems gebildet ist, bildet auch ein relativ für sich bestehendes und hat also eben die Neigung Irrthum und Meinung hervorzubringen.

1. Denn die Tendenz der Reihe für sich geht auch nicht auf das ganze innere Wesen ihrer Gegenstände und es kann daher auch (noch mehr weil die wissenschaftliche Form verleitet) ein Aggregat von Merkmalen oder die Erklärung einer Relation des Dinges für den vollständigen Begriff genommen werden.

2. Daher ist die negative Seite nicht nur an den Anfang

sondern an die ganze Dauer des Prozesses und einer jeden Reihe gebunden.

16. Der Irrthum ist Sünde; aber unvermeidliche.

1. Das Vorantreten des bedingten Denkens liegt nicht in der ursprünglichen Nothwendigkeit der Natur denn unsre Sinne sind nicht instinctartig wie die thierischen (was bei uns Instinct ist bildet sich nicht als Sinn aus sondern verliert sich als solcher) sondern ursprünglich zum Erkennen und werden auch nur durch das Verlangen nach | Erkenntniß geöfnet denn Auge und Ohr haben mit den ersten Bedürfnissen des Kindes nichts zu thun. Daß also das Denken unter die Potenz des bestimmten Triebes kommt ist nur Folge von dem schnellen Wachsthum dieses und dem Zurükbleiben des edleren. Der Grund dieses Wachstums liegt aber nicht in den erkennenden Sinnen selbst denn diese sind nicht geartet gleich in Lust überzugehen sondern sich zur Wahrnehmung zu gestalten.

2. Im Prozeß selbst angesehen ist die Anmaßung einen der Idee gemäßen Begriff gesezt zu haben wenn man nur einzelne Merkmale gefunden hat Eitelkeit und das zu wenig thun weshalb der erkennende Prozeß zurükbleibt ist Trägheit.

17. Da in jeder Denkreihe und besonders im Anfangen derselben wenn sie nicht rein architektonisch anfängt der Denkende als handelnd und mit seiner Eigenthümlichkeit handelnd auftritt so kann theils die relative Seite des Denkens mit der absoluten theils die ethische Nothwendigkeit mit der dialektischen verwechselt werden.

1. Diese Verwechselungen zeigen ihre Folgen erst recht im combinatorischen Denken; allein da sie auch schon im Anfang einer Reihe auftreten so müssen sie sich auch in dem ersten einzelnen Gedanken für sich zeigen. Gehindert aber werden sie nur durch das richtige heuristische und architektonische Verfahren.

2. Jeder muß eigenthümlich auch anfangen allein er muß dies im Allgemeinen wissen und sich dann auch in jedem Denken des individuellen Coefficienten bewußt zu werden suchen und sich sowol in der einfachen Construc-

tion als in der Combination dem objectiven mehr zu nähern.

3. Beides sind die Quellen des Irrthums für die philosophischen Erfinder und jede Prätension | auf Allgemeingültigkeit einer Philosophie ist in ihnen gegründet. Auch dieser Irrthum ruht in der Sünde da er auf einem so reflectirenden und selbstbewußten Standpunkte nicht unschuldig sein kann.

18. Die Begriffsbildung muß hier eher betrachtet werden als die Urtheilsbildung.

Geschichtlich scheint zwar das Urtheil dem Begriff voranzugehen, wie in den ältesten Sprachen die Zeitwörter die Wurzeln sind und alle Hauptwörter von ihnen abgeleitet. Eben so offenbar ist daß jeder Mensch eher Actionen sezt als Dinge. Ueberwiegende Bewegung Veränderung, die also zuvor wahrgenommen worden[35] ist, veranlaßt erst aus der unbestimmten Mannigfaltigkeit einen Punkt herauszuheben. Allein es ist nur das unvollständige Urtheil welches dem unvollständigen Begriff vorangeht. Da wir aber vollständige Begriffe bilden wollen müssen wir die unvollständigen Urtheile voraussezen; der vollständige Begriff aber ist früher als das vollständige Urtheil. Im hebräischen wo entschieden die Zeitwörter Wurzeln sind beweiset auch die grammatische Dignität der dritten Person daß sie ursprünglich unpersönlich waren d. h. ohne Voraussezung eines bestimmten Subjects.

Erste Abtheilung[36]
Theorie der Begriffsbildung

19. Kein realer Begriff kann bis zum vollkommnen Wissen gebildet werden.

Die Einheit des Begriffs ist im Zusammentreffen eines Punktes der organischen und eines | Punktes der intellec-

[35] [H:] wird
[36] [H:] Erster Abschnitt

tuellen Function. Beide sind immer in Agilität. Der ersten ist unbestimmte Mannigfaltigkeit gegeben, die lezte strebt zum Bewußtsein zu kommen; ihr Zusammentreffen im einzelnen ist der Begriff.

Das Wesen des Begriffs ist aber in der Identität des Allgemeinen und Besondren. Das Allgemeine als solches ist der organischen Function nie unmittelbar gegeben, aber das Besondere ist in ihr vollkommen dargestellt. Dagegen ist in der intellectuellen Function nur das allgemeine unmittelbar gesezt, das Besondere als solches aber nur in unendlicher Approximation zu produciren; also kommen beide nie wirklich in Einem Punkt zusammen, das Ideale und Reale bleiben Asymptoten.

20. Um ein Verfahren zur Approximation zu construiren muß man das Gebiet des Begriffs in Bezug auf die Idee des Wissens eintheilen.

1. Weil nemlich Regeln nie ganz im Allgemeinen zu geben sind sondern nur helfen in wie fern sie sich auf die besonderen Verhältnisse beziehen.
2. Da der Begriff nur mit seinem Correlat dem Urtheil die Idee des Wissens ausfüllt so ist das natürliche Eintheilungsprincip seine Beziehung auf das Urtheil.

21. Begriffe sind theils Subjectsbegriffe theils Prädicatsbegriffe.

Die Realität der Eintheilung zeigt sich in der Sprache. Hauptwörter sind Subjectsbegriffe – Zeitwörter Prädicatsbegriffe. Der Gegensaz freilich nur relativ. Zeitworte können Subject werden aber sie erstarren erst zu inflexibeln. Hauptworte können Prädicate werden nicht durch die adjectivische Form, diese macht sie immer nur zu Bestimmungen des Subjects aber indem man Zeitworte aus ihnen bildet, welche ihr Wesen im Werden darstellen. Die umgekehrte Rolle ist bei beiden eine höchst untergeordnete.

Dem Inhalt nach fällt freilich diese Eintheilung mit der Sprachform nicht genau zusammen. | Denn das Wesen liegt darin, daß Subjectsbegriffe das für sich gesezte Sein ausdrüken, Prädicatsbegriffe aber die Action. Es giebt

Substantive die kein für sich geseztes Sein ausdrüken sondern nur die Action für den Subjectsgebrauch substantiiren: und dies sind die eigentlichen Abstracta. Es giebt einen Ausdruk für die Action in der Form des Hauptworts, nemlich das Adjectiv, welches man sich durch Participia und Verbalia muß aus dem Zeitwort vermittelt denken. In der Hauptsache treffen sie doch zusammen.
Als Begriffe sind beide ganz gleich. Die Action ist auch eben so eine Identität des Allgemeinen und Besonderen. Zu suchen aber ist eine Differenz in Bezug auf unser Verfahren.

22. Bei den Prädicatsbegriffen tritt die innere Bestimmtheit zurük und das quantitative hervor indem sie einen Grad zulassen; bei den Subjectsbegriffen umgekehrt.
Ein Lieben und Hassen ist beides mehr oder weniger als das andere; ein Pferd ist nicht mehr Pferd als das andere; wenn es auch größer oder sonst anders bestimmt ist, denn die Abgeschlossenheit des allgemeinen Begriffs hält doch die Identität fest. Dasselbe gilt von den Qualitäten sowol als Adjectiv wie auch als Substantiv ausgedrükt, wo die verschiednen Grade zusammengefaßt werden.

23. Bei den Subjectbegriffen hat der bestimmte Gegensaz zu den coordinirten die Oberhand über die Einheit im höheren, bei den Prädicatbegriffen umgekehrt.
Die Subjectbegriffe bilden einen bestimmten Cyclus von Arten; man unterscheidet diese eher und bestimmter als man sie unter Eine Gattung subsumirt. Umgekehrt bei den Prädicatbegriffen, die Differenzen z. B. des Geschmaks gehen in einander über auf unmerkliche Art. Dieses entsteht ganz natürlich daher daß die Action Resultat des Zusammenseins ist. Denn es ist wenn auch die vielen um Ein Ding gesezten Coefficienten von einander bestimmt geschieden sind doch die Einheit des andern, welche die bestimmte Trennung zum Theil | aufhebt und eben so (ad 22) ist ein Ding weil seine Kraft sich in verschiedene Momente ungleich vertheilt nicht immer im gleich starken Verhältniß mit einem andern[.] Im Zusam-

mensein daher nothwendig das Schweben der Gradation gesezt.

24. Der aufgestellte Gegensaz (22. 23) ist jedoch ebenfalls nur ein relativer.

Der allgemeine Grund liegt darin daß jedes substantielle Sein von einem höheren Gesichtspunkt aus ebenfalls als Action kann angesehen werden und eben deswegen auch jede Action als substantielles Sein. – Genauer angesehen

ad 22. können die einzelnen Dinge nicht als durch innere Nothwendigkeit geschieden in Absicht auf ihre quantitative Differenz angesehen werden (sondern diese[37] erscheint nur als Unterschied in der Stärke der hervorbringenden Action der specifischen Kraft)[38] und da das Ding nur mit seiner Quantität zu begreifen ist so ist es also auch nur mit einem mehr und minder zu begreifen. – Eben so b. wenn man die Action im allgemeinen hält ohne nähere Bestimmung erscheint sie als feste Function des Seins· von dem sie ausgeht, der Umfang ihrer Quantität ist mit in ihr Wesen aufgenommen.

ad 23. Die einzelnen Dinge sind nicht als Cyclus aufzufasfassen; schon bei den Arten stehen Varietät und Bastarde als Uebergänge und eben so lassen sich noch mehr die einzelnen Dinge stellen (Nur von dem Menschen fordert man bestimmte Individualität; allein auch für ihn muß es einen Standpunkt geben von wo aus das entgegengesezte gilt) Auf den unvollkommnen Stufen des Daseins gilt es schon von Arten und zum Theil Gattungen. Dagegen die Actionen weiter zurükgeführt bringen uns auf die allgemeinen Gegensäze welche aufs strengste sich ausschließen, dann aber auch als Grund des modus essendi.

25. Man kann daraus folgern, es ist einerlei etwas unter dem Mehr und Minder und dem Uebergang betrachten und es als Action betrachten, und eben so einerlei | etwas als fest

[37] [II:] dieser
[38] [Eckige Klammern in H]

und im Gegensaz der Arten betrachten und es als substantielles Sein betrachten.

Großer Einfluß auf die Wissenschaften (heuristisch und architektonisch später weiter aus einander zu sezen) daß man jedes auf beide Arten betrachten kann. So bleibt man gewiß ganz in der Relativität des Gegensazes.

26. Der erste feste Punkt im Bewußtsein vor aller Begriffsbildung ist die Gegenwart der Vernunft als Trieb und das Erfülltsein der Sinne als Einwirkung.

1. Die technische Theorie läßt sich freilich nicht unmittelbar an diesen primitiven Zustand anknüpfen. Denn die in diesem sich befinden sind keiner Theorie fähig und wir können uns nicht wieder bis zu diesem zurükschrauben. Allein auf jedem Punkt an den wir wirklich anknüpfen können haben wir auch vielleicht schon Irrthum und wir müssen also zu erforschen suchen wo der Irrthum angeht und wieviel wir vielleicht schon haben können vor der Anwendbarkeit der Theorie.

2. Analogie mit diesem Zusaze[39] können wir noch hervorbringen wenn wir Vorstellungen bilden wollen aus Gesichts- oder Gehörseindrücken jenseit der Bestimmtheit des Sinnes. Daher Platon mit Recht im Theätet ein solches Beispiel aufnimmt.

3. Beiden Urpunkten fehlt die bestimmte Einheit und die bestimmte Vielheit. Treten beide ein so entstehen die Begriffe und die Gegenstände. Die Idee des Wissens ist aber in diesem Zustande im Suchen der Vernunft sich an jenen Einwirkungen zu realisiren, ohne welches nie Vorstellungen zu Stande kommen würden. Der Vernunftpunkt ist aber mehr die unbestimmte Einheit, der organische Punkt mehr die unbestimmte Vielheit.

27. Da der Begriff schwebende Identität des Allgemeinen und Besonderen ist so kann jeder einzelne wirkliche Begriff gebildet werden sowol vom Allgemeinen aus durch Hinabsteigen | als auch vom Besonderen aus durch Hinaufsteigen.

Jenes ist A b l e i t u n g; der gefundene Begriff hat sei-

[39] [Konjektur Jonas: Zustande]

nen Quell und Grund in dem höheren, in dem sowol das gemeinschaftliche der Untergeordneten als auch der Umfang des ihm eigenthümlichen gesezt war. Dieses ist Zusammentragung (Induction). Durch Nebeneinanderstellung des Besonderen wird das gemeinschaftliche Allgemeine gefunden.

Ob jedes für sich eine wahre das angeborne System erschöpfende Begriffsbildung giebt oder ob beides immer vereint sein muß, wissen wir noch nicht.

28. Zwischen der wirklichen Begriffsbildung und dem primitiven Zustand liegt das Auszeichnen einzelner Wahrnehmungspunkte; und da dieses Bedingung des Inductionsprozesses ist, so ist mit diesem anzufangen.

Niemand kann sich denken daß bei einem Kinde die ersten Prozesse mehr die Analogie mit der Deduction hätten.

29. Die erste Bestimmung ist in der Indifferenz von Action und Ding (jedes insofern bestimmt als das andere unbestimmt bleibt, also in beider Hinsicht nur in verschiedener Formel unbestimmt.) auf welchem Punkt noch kein Irrthum statt findet.

Man seze Lichtpunkte und Bewegungspunkte so könnten sie als Dinge gesezt werden aber auch als eminente Actionen. Als Dinge könnten sie nur gesezt werden wenn schon eine Mannigfaltigkeit von Actionen aus demselben Punkt gesezt wäre; als Actionen könnten sie nur ausgesondert werden wenn schon aus der Masse etwas ausgeschieden wäre worauf man sie besonders bezöge.

In diesem Moment ist also nur ausgedrükt die Zerlegbarkeit der unbestimmten Masse in bestimmte Einheit und Vielheit. |

30. Alle Bestimmung des unbestimmten kann nur ausgehn von der intellectuellen Function, welche dabei in jedem Augenblik nach beiden Richtungen der Subjects- und Prädicatsbegriffe thätig ist, welche Thätigkeit auf die organische Affection ein reiner Ausdruk der Idee des Wissens ist.

In der intellectuellen Thätigkeit auf die Masse nach beiden Richtungen ist nur ausgedrükt das Enthaltensein beider Abtheilungen im System der Begriffe und das Aufgehensollen des Seins im System der Begriffe nach beiden Abtheilungen; also rein die Idee des Wissens.

31. Die wirkliche Entscheidung einen im Bestimmtwerden begriffenen Eindruk als ein einzelnes bestimmtes Sein zu sezen und die Einbildung einer allgemeinen einem bestimmten Ort im System der Begriffe entsprechenden Gestaltung in den Sinn ist ein und derselbe Moment.

Der Sinn muß eben so empfänglich gesezt werden nach der Seite der intellectuellen Function hin die ihm ihren Schematismus einbildet als nach außen hin. – Eine einzelne Gestalt als gegebene Erscheinung kommt nicht in den Sinn ohne ihre allgemeinen Schemata, und das Schema nicht ohne einzelne Gestaltung; beides wird gleichzeitig im oscillirenden Verfahren. Aus diesem kann man willkührlich Momente herausheben in denen das Schema weiter entwikelt ist als die Gestalt und also als früher gesezt wird und eben so entgegengesezt die Gestalt entwikelter und früher. Die einseitige Position des einen und andern bringt die Theorien hervor von einer Priorität des Schema oder von einer Abhängigkeit des Schema von der Erscheinung, zu denen sich die unsrige nicht verhält wie eine gesuchte Mitte indem sie nicht von der Vergleichung ausgegangen ist, sondern sie läugnet jede in wiefern diese die andre läugnet.

Was die organischen Schemata für das lebendige sind, das sind die mathematischen für das todte. |

[40]Erläuterungen zu § 31.

1. Kein allgemeiner Begriff ist in uns lebendig ohne einen sinnlichen Bestandtheil (S. oben § [110ff]) Dieser ist weder Inbegriff der sinnlichen Bilder aller schon wahrgenommenen einzelnen Dinge, noch aller unter die Gattung gehörigen Arten, denn dazu gehörte Zeit; jenes Bild aber ist mit dem Begriff selbst zugleich und in Einem Moment da. Es ist unbestimmt und enthält die Verschiebbarkeit

[40] [Das Folgende in H nach § 33.]

der untergeordneten sinnlichen Bilder in einander. Z. E. Hund.
2. Im Gebiet von solchen Gegenständen von welchen wir noch keinen vollständigen Begriff haben z. E. Granit wird dennoch die Anerkennung einzelner Erscheinungen vollzogen. Dies ist nur vermittelst des Schema nöthig, und das Schema ist also nicht nur mit dem Begriff zugleich sondern auch vor ihm.
3. Bei Kunstproductionen wächst offenbar das innere Bild vom allgemeinen ins besondre hinein, und ist also vor dem bestimmten einzelnen; wie sollte es daher nicht auch mit demselben zugleich entstehen können. Der Fall paßt, das Bild ist zuerst ein wahrhaftes allgemeines aus welchem mehrere besondre gleich gut entstehen könnten? |
4. Sieht jemand zuerst etwas (es kann auch ein Kunstwerk sein, also ein nicht eben so nothwendiger Begriff) dergleichen er noch nicht gesehen hat aber wol analoges so daß er auch einen Begriff hat von der höheren Gattung, z. E. einer der nur Gebäude kennt sieht zuerst einen Thurm, so wird er ihn bald unter jenen Begriff oder vielmehr unter sein Schema (wobei die geometrischen Gestalten das leitende sind) subsumiren; aber er müßte sehr stupide sein wenn ihm nicht eo ipso das sinnliche Bild des einzelnen Thurmes, verschiebbar vorgestellt zum sinnlichen allgemeinen Bilde der Art würde. Wie also hier das Bild der Art mit dem Bestimmungsact der einzelnen Erscheinung zugleich entsteht aus der Thätigkeit eines weit allgemeineren Begriffs: so kann auch im primitiven Zustand aus der Thätigkeit der Vernunft überhaupt, in welcher das ganze System der Begriffe als Tendenz gesezt ist mit jedem Bestimmungsact ein Schema seiner Art werden.
5. Ueberhaupt aber folgt da die Bestimmung des noch unbestimmten nur von der Vernunftthätigkeit ausgehen kann, und die sinnliche Besonderheit die das nächste Resultat sein soll nicht sein kann bei der begriffbildenden Vernunftthatigkeit ohne die sinnliche Allgemeinheit daß diese mit jener wenigstens zugleich entstehen muß.

Scheinbare Priorität kann es auf beiden Seiten geben: allein das Zusammentreffen ist die einzige haltbare Form, wie schon oben (Siehe § 5) aus anderem Gesichtspunkt gezeigt worden.
6. So weit die Analogie der ursprünglichen Bestimmungsacte noch vorhanden ist im Gebiet der undeutlichen, nur durch Anstrengung zu bestimmenden Eindrüke nimmt jeder noch dasselbe wahr. Eine in der hohen Luft wahrgenommene Bewegung steht in der Indifferenz von Action und Ding; sie wird für fliegende Vögel erkannt, indem das Schema ins Bewußtsein tritt – denn an den Begriff kann die entfernte Erscheinung nicht gehalten werden, wie denn überhaupt eine Erscheinung ohne Analyse d. h. ohne Zerstörung nicht kann auf den Begriff unmittelbar bezogen werden.
7. Das allgemeine Bild ist ein eben so nothwendiges Mittelglied für die Bestimmung | der Action als für die des Dinges, und man muß sich nicht denken daß nur dasjenige als Action gesezt wird, wozu sich kein Schematismus als Ding findet, woraus nur eine Suspension, ein Ruhen auf dem Punkt der unbestimmten Aussonderung entstehen könnte. Denn das System der angebornen Begriffe enthält auch die Prädicatsbegriffe. Die allgemeinen Formen sind Bewegung und Oscillation, Zuneigung und Abneigung, Verbindung und Trennung, Zunehmen und Abnehmen. Das ethische kann dem physischen zum Schema dienen und umgekehrt je nachdem die Entwiklungsverhältnisse sind; alles dieses aber geht dem Begriff eigentlich voran.

32. Diese Entscheidungen bilden sich im werdenden Bewußtsein gleichzeitig in Masse.
Wie alle Entwiklungen stoßweise gehen, so auch diese. Das Bewußtsein des Kindes weilt vielleicht lange auf dem ersten Moment. Tritt der zweite einmal ein so tritt er auch an vielen Punkten zugleich ein, wie das Anschießen.
[41]Erläuterung zu § 32. 1. Wenn man auch alle

[41] [Das Folgende in H nach § 33.]

Analogie bei Seite läßt so wendet sich doch nothwendig sobald das Schema ins Bewußtsein getreten ist die bestimmende Vernunftthätigkeit auf dieses und sucht also das verschiebbare durch die Aufsuchung untergeordneter Erscheinungen zu realisiren. Dieses Bestreben ist zusammen mit dem Bestreben den ganzen Prozeß zu wiederholen und also jedem eben so auffordernden einzelnen Punkt sich hinzugeben. Wogegen das Bestreben den Begriffsbildungsprozeß weiter zu führen ehe in jenem eine gewisse Sättigung ist, nicht eintreten kann. Offenbar ist auch dieser Prozeß schon sehr ausgebreitet in der ganzen Periode der Kindheit wo man noch keinen Begriff seiner intellectuellen Seite nach im Bewußtsein annehmen kann.

2. Es geht nun natürlich das Schematisiren im Gebiet der Actionen und der Dinge gleichzeitig vor sich.

33. Im Beziehen der Erscheinung auf das Schema ist noch kein Irrthum, in Beziehung der Erscheinung auf den durch das Schema dargestellten Begriff kann schon Irrthum sein.

Denn jene beiden werden mit einander und in Beziehung auf einander ihr Sein und ihr Zusammengehören ist dasselbe[.] Das Schema aber ist nur die sinnliche Seite des Begriffs. Wenn es aber früher im Bewußtsein ist als dieser so können auch die Beziehungen auf beide getrennt sein, also unwahr. (Unten mehr.)

34. Bestimmte Actionen und bestimmte Dinge können nur in Bezug auf einander als beharrliches gesezt werden. Da sie nun beharrlich gesezt werden müssen so muß die Beziehung beider auf einan- | der gleich mit beginnen.

[1.] Ohne Beharrlichkeit sind beide gar nicht gesezt sondern es ist noch die unbestimmte Sezung denn die Action ohne sie ist nur eine unendliche Reihe unendlich kleiner Momente deren einzelner Inhalt eben so gut ein Ding sein kann; und ein Ding ohne Beharrlichkeit ist nur eine vorübergehende Erscheinung die eben sowol nur Action sein kann. 2. Die Beharrlichkeit ist aber nur für die Action das Heraustreten aus der allgemeinen Veränderlichkeit der chaotischen Masse in einen bestimmten

Siz; sie ist Eine dadurch daß sie Wo ist; und das Ding ist Eines durch eine Mannigfaltigkeit von Zuständen.

35. Die Urtheilsbildung beginnt also schon mit dem schematischen Prozeß zugleich vor dem Dasein des eigentlichen Begriffs.

Denn Beziehen der Actionen und Dinge auf einander ist Urtheil, nur unvollkommnes insofern keine gebildeten Begriffe dabei zum Grunde liegen.

36. Auf dieser Stufe der Urtheilsbildung ist eine Möglichkeit des Irrthums gesezt.

1. Alle Actionen sollen aus der chaotischen Masse heraus einen eignen Siz bekommen, aber weil sie Zusammensein ausdrücken, nicht alle in Einem allein sein. Dinge sollen überall gesezt werden, aber keines absolut fixirt weil jedes auch als Action kann angesehen werden also als in einem anderen seiend.

2. In den Umfang der Urtheilsbildung fällt sowol diese Grenze der Selbständigkeit und Dependenz, als auch jene Grenze zwischen Eigenschaften und Passionen.

3. Im Schematismus aber ist gar keine Anleitung zur Bestimmung dieser Grenze, also werden auch die diesseits und jenseits liegenden Urtheile nicht von einander geschieden werden und die Möglichkeit des Irrthums ist gesezt. |

37. Das Resultat dieses Gebietes der Urtheilsbildung sind die Nominaldefinitionen.

Denn diese sind nichts andres als ein Aggregat von Merkmalen, Merkmale aber sind nichts andres als die in das allgemeine Bild aufgenommenen Resultate wahrnehmender Urtheile durch welche in der That das innere Wesen des Dinges niemals ausgedrükt ist, sondern nur ihr Verhältniß zu unseren organischen Functionen.

38. Der bloße Inductionsprozeß kann nicht weiter gehen als daß sich aus den allgemeinen Bildern noch allgemeinere bilden und eben so die allgemeineren Bilder durch wahrnehmende Urtheile ergänzt werden.

Sobald auf der ersten Stufe ein Sättigungspunkt eingetreten ist wird diese zweite Stufe zur Klarheit kommen; denn ein dunkles minimum derselben ist schon mit der ersten gesezt; und so fort.

39. Der gesamte Schematisirungsprozeß und die damit zusammenfallende Urtheilsbildung bilden das Gebiet der gemeinen Erkenntniß.

Alles worin kein wissenschaftlicher Gehalt ist, bleibt auch auf dieser Stufe stehn; das ganze Erfahrungswesen hat keinen höheren Charakter. – In diesem nun, und also vor der vollkommnen Begriffsbildung und ehe die Theorie des technischen Verfahrens eigentlich zur Anwendung kommt, ist mannigfaltige Möglichkeit des Irrthums gesezt. |

40. Das Bewußtsein bis auf diesen Punkt entwikelt gedacht, ohne alles Eintreten des Deductionsprozesses ist eine Abstraction.

Der primitive Zustand ist eine Fiction, das wirkliche Bewußtsein ist die Einigung beider: eben wenn sie aus jener Action begriffen werden soll so muß sie beiderseitig begriffen werden. Dem sinnlichen kommt allerdings eine Priorität zu, eben weil sich das Bewußtsein aus dem unbewußten entwikelt aber fast nur so lange die Thätigkeit noch unbestimmt und also unvollendet ist. So bald sie bestimmt und abgeschlossen ist muß auch die andere in ihr gedacht werden, eben weil alle Gegensäze nur relativ sind. Indem wir also den Schematisirungsprozeß als sich verbreitend sezen (was nicht mehr ein momentanes ist[)] müssen wir auch den Deductionsprozeß als begonnen denken.

Sobald ein Spiel des Auf- und Absteigens bei der Urtheilsbildung entsteht, muß auch ein Bestreben sein das einem allgemeinen untergeordnete übersehen zu können, welches nur durch Eintheilung geschehen kann. Zu dieser aber fehlt es an allem Grunde wenn nicht der Prozeß vom Anfang d.h. von oben angefangen hat.

41. Der Schemat[isirungsprozeß] mit dem dazu gehörigen Urtheilsgebiet sind an sich nicht das bedingte Denken, son

dern eine untere Stufe von der man eben so gut zu diesem als zum eigentlichen Denken kommen kann.

Im bedingten Denken ist auch Deduction nicht minder als Induction und dem eigentlichen Denken muß auch Schematismus vorangehen. In diesem ist sogar an sich keine Spur von einem Einfluß des Handelns. Der Schematismus kann also eben so wol zum einen als zum andern führen und der Unterschied kann sich erst in der Deduction und der von ihr ausgehenden Combination recht entwikeln.

42. Im schematischen Prozeß ist Wissen, sofern dieses ein dem Sein entsprechendes Denken ist.

Indem das allgemeine Bild mit dem einzelnen zugleich wird, jenes aber vom idealen Princip in | der intellectuellen Function repräsentirt herrührt, dieses hingegen vom realen in den Affectionen der organischen Function repräsentirt: so ist das Zugleichgeworden- und Durcheinanderbedingtsein beider der Abdruk der ursprünglichen Einheit ihrer beiden Principien, wie denn auch die Ueberzeugung daß in der Vorstellung auf ideale Weise das Sein gesezt ist niemals fehlt.

43. In demselben Prozeß ist Wissen auch als in Allen gleich construirtes Denken, theils der Tendenz theils auch der Wirkung nach.

1. Der Tendenz nach, indem schon dieser Prozeß Rede hervorbringt. Die Unbestimmtheit des allgemeinen Bildes bedarf einer anderweitigen Fixirung. (Jeder fühlt stärker das Bedürfniß einem allgemeinen Bilde Namen zu geben als einem einzelnen) Daher die erste Richtung auf ein Bezeichnungssystem; warum dieses Rede wird ist hier nicht zu untersuchen. – Damit die gleiche Construction erfahren werden könne muß das Bewußtsein aus der persönlichen Verschlossenheit herausgehen und sich zur Vergleichung in die Mitte stellen. Dieses trifft zusammen damit daß jedes Einzelne Dasein auch nur relativ für sich gesezt ist. Inwiefern es also nicht für sich gesezt ist muß er es fühlen als mit anderen Ein gemeinschaftliches bildend und also ein Bestreben haben diese Gemeinschaft

zu organisiren. Offenbar streben die Kinder schon nach Sprache und eignen sich viel davon an, ehe man ihnen etwas mehreres als den schematischen Prozeß zuschreiben kann.

2. Auch der Wirkung nach. Ein großer Theil der Stammwörter einer Sprache hat keine anderen Gegenstände als die allgemeinen Bilder (dies ist das wahre an der Behauptung daß die Sprache ursprünglich sinnlicher Natur ist.[)] In diesem ganzen Verkehr nun mit der Sprache liegt überall das Anerkenntniß der Identität der Bilder. Die Skepsis daß ohnerachtet dieses Verkehrs die Vorstellungen selbst sehr verschieden sein könnten ist in sich leer und hat nur den Vorwand daß dieser Punkt als ein schlechthin innrer für sich durchaus nicht kann | nach außen gekehrt und zur Untersuchung gezogen werden. Aus dem Zusammenhang aber mit allen andern Momenten des Prozesses ist die Identität der Vorstellung klar. – Genau angesehen ist das Verbreiten der Sprache von einer Generation zur andern eine freiwillige Annahme welche nur auf die Ueberzeugung von der Identität des bezeichneten Bildes gegründet ist. Auch eignen sich die Kinder nicht eher die Wörter an bis sie das dadurch bezeichnete Bild haben kennen gelernt[42].

44. In diesem nemlichen Gebiet liegt aber auch schon die Relativität des Wissens.

1. Nemlich nicht nur in der Differenz der äußeren Seite der Sprachen, welche als zufällig könnte angenommen werden wenn nur das Innere harmonirte, sondern in der Irrationalität derselben. Sie ist stärker in den Prädicatsworten als in den Subjectsworten aber sie ist doch auch in diesen, und muß es um so mehr als (das rein mathematische der Form ausgenommen) in den Bildern doch organische Eindrüke aufgefaßt sind.

Auch unter den Einzelnen sind solche Relativitaten, treten aber nur unter denen hervor, welche überhaupt aus der Masse heraustreten. Von dem was wir Geist nennen ist die Basis Eigenthümlichkeit des Schematismus.

[42] [Darüber ohne Streichungen:] construiren können

Zwischen beiden nun giebt es der Abstufungen viele indem dem einen dieses Gebiet dem andern jenes (Gebiet des Erkennens nemlich und ohne hier auf den allerdings großen Einfluß zu sehen den das bedingte Denken hervorbringt) näher liegt und also Centrum der Beziehung wird.

2. Die Relativität des Wissens ist freilich nicht auf der Seite des Inductionsprozesses allein[;] wir finden sie hier zuerst, und müssen sie also ansehen als wenigstens auch und ursprünglich im Organismus gegründet, indem wir unentschieden lassen ob sie auch auf der Vernunftseite ursprünglich gegründet sei. |

45. Da die Differenz des Gedachten und die Identität des Denkens im Streit sind: so muß entweder wo die Relativität ist kein Wissen sein, oder die Relativität muß selbst auf ein Wissen gebracht werden.

Daß der Streit aufgehoben ist im ersten Fall ist klar; aber alles relative ginge dann in das Gebiet des unbestimmten Denkens über. Im lezten Falle wäre aber auch eine identische Construction insofern jeder alle Relativitäten mitconstruirte.

46. Nur das Absolute, wie es im Bewußtsein nie für sich vorkommt und die gehaltlose Vorstellung der bloßen Materie sind von aller Relativität frei.

Das Subtractive Verfahren alles aus dem Gebiet des Wissens hinauszuweisen was von der Relativität tingirt ist ließe kein reales Wissen zu. Denn da auch die allgemeinsten realen Vorstellungen organische Eindrüke in sich tragen und diese alle durch den Schematismus bedingt sind, in diesem aber der Einfluß der Eigenthümlichkeit der Eindrüke sich bis oben hin erstrekt: so bleibt als frei von der Relativität nur dasjenige Denken übrig in welchem seiner Weite wegen das bildliche völlig verschwindet, oder dasjenige in welchem von dem Gehalt des Eindruks abstrahirt und der Eindruk selbst nur im allgemeinen gesezt wird. Und dies sind die beiden außerhalb des eigentlichen Gebietes der Begriffe liegenden Vorstellungen.

47. Die Relativität kann zum Wissen nur erhoben werden durch das kritische Verfahren, welches also ein unnach- | läßliches Correlatum des unmittelbaren ist.

Kritisch ist im Allgemeinen überall die Construction des Individuellen in einen Begriff. Die Relativität wird aber nur gewußt wenn das individuelle Princip darin gewußt d.h. in einem Begriff aufgefaßt ist. Sonst ist in allem Wissen das Relativirte desselben ungewußt, und da dieses alles reale Wissen durchdringt so ist nichts ein rein gewußtes.

48. Das Fortlaufen des kritischen Verfahrens neben dem directen bestimmt das Gebiet des Wissens im engern Sinne.

Die große Masse ist nicht im Besiz des kritischen Elementes aber auch nicht in Berührung mit dem außer der Sprache gelegnen. Die ganze Aufgabe des Wissens ist für sie auf dieses Gebiet beschränkt und so auch bei den engeren Kreisen. Die allgemeinere und selbständigere Anschauung bringt auch gleich die kritische Aufgabe hervor.

Anmerkung. Die Principien des kritischen Verfahrens selbst können nicht auf den Schematismus allein gehen und sind also auch hier nicht auszuführen.

49. Der Deductionsprozeß besteht auch aus zwei nicht von einander zu trennenden Momenten dem Sezen eines Theilungsgrundes, und dem Sezen der aus der Einheit vermittelst desselben hervorgehenden Vielheit

Im Erfahrungsmäßigen Zustand des Bewußtseins betrachtet ist ein Herabsteigen nur denkbar vermittelst eines Theilungsgrundes. Ist aber ein vollständiger Begriff von der höheren Einheit gegeben: so muß auch mit dem richtigen Theilungsgrunde zugleich die Totalität der Arten gesezt sein. Der Theilungsgrund ist auf der Seite des Schema nichts andres als der Umfang der Verschiebbarkeit.

Dasselbe auf den fingirten aber doch die allgemeine Geschichte enthaltenden primitiven Zustand | angewendet ergiebt daß die unbestimmte Einheit nicht eher bestimmt werden kann als mit der Zweiheit zugleich.

50. Im Hinsehen auf die ursprünglichen Acte des Inductionsprozesses liegt die Möglichkeit der ursprünglichen Acte des Deductionsprozesses.

Nemlich die Bestimmung in der das Wissen ist ist Spontaneität. Die chaotische Masse des Eindruks in der das Wissen nicht ist, ist Receptivität. Das äußere Sein ist also das die Affection hervorbringende aber zugleich das Wissen nicht hervorbringen könnende und das eigne Sein ist das das Wissen hervorbringende, welches aber die organische Affection als solche nicht hervorbringen kann, das eine das ideale das andre das reale. Die unbestimmte Einheit wird die bestimmte, die allgemeine Vorstellung des Seins mit der Vielheit zugleich.

Anmerkung. Ein anders construirter Gegensaz wo nemlich die eine Seite nur negativ ist, giebt keinen Theilungsgrund, denn aus der bloßen Negation läßt sich weiter keine Vielheit hernach ableiten.

51. Der Gegensaz des idealen und realen und des objectiven und subjectiven liegt in der Indifferenz des Seins und Thuns.

Denn er geht noch auf den ersten Moment des Inductionsprozesses, also nicht auf das beharrliche sondern momentane in dem kein einzelnes Sein als solches ausgeschieden ist.

52. Sobald er auf das beharrliche angewendet wird kann Irrthum entstehen wenn ein Theilungsgrund für das Sein auf das Thun angewendet wird und umgekehrt.

Die unbestimmte Vorstellung von der Totalität des Bildes unter den Gegensaz gestellt ist eine erste vorläufige Vorstellung der Welt.

Die Eintheilung der Welt in Geisterwelt und Körperwelt ist voreilige Anwendung des Gegensazes auf das Sein indem geistiges Sein | in der Trennung vom körperlichen gar nicht gegeben und kein Grund gesezt ist ein – bloß körperliches als ein für sich bestehendes anzusehen.

Der falsche Gegensaz von Spiritualism und Materialismus entsteht eben daher.

53. In der Beziehung eines Theilungsgrundes auf ein Sein

oder ein Thun ist keine Gewißheit als in so fern der Inductionsprozeß das Substrat liefert.

Nemlich durch den Saz des Widerspruchs ist hier nichts auszurichten. Also bleibt die Möglichkeit nach beiden Seiten gesezt und es ist nur das Zusammentreffen mit dem System der Schemata was entscheidet.

54. Wie im ersten und zweiten ursprünglichen Moment so muß der Deductionsprozeß überall auf den Inductionsprozeß zurükgehen.

Ein Moment enthält nicht das Gesez der Bewegung; zweie aber müssen es enthalten.

55. Wie das erste Resultat kein Begriff ist: so ist auch jedes Resultat des Deductionsprozesses an sich kein Begriff sondern Formel.

In der vorlaufigen Vorstellung der Welt wie sie dem Deductionsprozeß angehört ist noch lange nicht der Begriff. Die Theilung ist nicht ins kleine hin wirklich vollzogen, sondern nur die Regel angegeben wie sie vollzogen werden soll, und darin liegen implicite alle anderen Resultate desselben Prozesses die also auch nichts anderes sein können. – Die Formel ist die Bestimmung eines bestimmten Gebietes des Seins aus den Theilungsgründen eines höheren also zulezt aus dem System der Theilungsgründe. Begriff selbst ist sie nur inwiefern das höhere Gebiet als vollständiger Begriff aufgestellt war, also immer nur durch Zusammensein mit dem Inductionsprozess. |

56. Der Begriff ist eigentlich nur in der vollständigen Durchdringung von Formel und Schema.

In der Formel ist nichts an sich was den Umfang der Actionen des Dings bestimmte, das Schema hingegen enthält die äußere also den anderen Dingen zugewendete Seite eines jeden, den Inbegriff der Actionen. Im Schema hingegen ist das Wesen des Dinges nicht unmittelbar gesezt, weil mit dem Mannigfaltigen nicht der Grund der Nothwendigkeit der Verknüpfung gesezt ist. Der Begriff aber ist erst vollständig wenn eins aus dem andern hervorgeht, bis dahin ist er noch im Werden.

57. Schon wegen des Ausgehens von entgegengesezten Punkten ist die Begriffsbildung nicht als ein continuum von beiden Punkten aus bis zu Ende zu denken.

Die allgemeinsten Schemata sind auch die unbestimmtesten dagegen die allgemeinsten Formeln die unmittelbar klarsten sind; diese ungleichen Elemente können sich nicht durchdringen. Eben so die besondersten Schemata die bestimmtesten die besondersten Formeln aber die complicirtesten; nur im wechselnden Auf- und Absteigen ist die Approximation. Also dieses Wechseln aufgegeben.

Auf der andern Seite werden beide Prozesse subjectiv vereinzelt und es entstehen nebeneinanderlaufende Reihen die erst in Zusammenhang müssen gebracht werden. Das angeborne System kommt in keinem ganz zum Bewußtsein.

58. Man bedarf also zweierlei Regeln für das einzelne Verfahren als abgerissen angesehn, und für das Verfahren überhaupt als identisch betrachtet.

Das abgerissene Verfahren fällt immer unter das bedingte Denken; denn selbst die Auswahl eines bestimmten Feldes wenngleich für das reine Erkennen ist doch ein beschränkendes Handeln.

Aber auch für das Verfahren im continuo gedacht bedarf es eines Kanons, da schon gleich Anfangs Irrthum möglich ist.

59. Man darf nirgend an eine bloße Formel den Deductionsprozeß anknüpfen sondern nur an eine, wenngleich erst approximative Identität von Formel und Schema.

Dem vorläufigen Begriff der Welt, in welchem Formel und Schema zusammen ist stände gegenüber | die leere Formel des Seins schlechthin als eines durch Gegensaz Theilbaren. In diesem ersten und allgemeinsten Gliede wären alle folgenden enthalten welche ebenfalls mit einer leeren Formel anfingen. Ist aber mit dem terminus a quo kein Schematismus verbunden so kann auch mit dem terminus ad quem keiner verbunden sein, das organische Element wird also überall fehlen und irgend ein Begriff

auch nicht approximativ zu Stande kommen. Denn die Formeln werden immer verwikelter und also schwerer anzuschauen je weiter wir hinunter kommen, die nach unten zu wachsende Bestimmtheit des Schema aber kommt nicht als Ergänzung hinzu also kann nur größere Entfernung von der Klarheit eines vollständigen Begriffes entstehen.
Der vorläufige Begriff der Welt offenbart sich uns als erster bestimmter Moment des Prozesses und dem muß also auch jeder andere Anfang und jedes Glied überhaupt analog sein.

60. Man darf zur Ableitung keinen negativen Gegensaz gebrauchen, sondern nur einen positiven.

1. Der negative hemmt gänzlich die weitere Bearbeitung der anderen Seite; also ist auch die positive aus dem Zusammenhang mit der anderen ganz herausgesezt und die Bearbeitung derselben kann nie integrirendes Element des reinen Erkenntnißprozesses werden sondern nur einem untergeordneten Zwek als bedingtes Denken dienen.
2. Er kann niemals aus dem zu theilenden selbst hervorgegangen sein, da müßte sich zu dem einen positiven auch ein anderes positives ergeben z. E. musikalische Instrumente sind blasende oder nichtblasende kommt nur daher weil wir aus der Induction zwei Arten kennen blasende und Saiten, aber nicht wissen ob diese Eintheilung erschöpft. Von der Deductionsseite müßte es heißen das Instrument ist Identität von schwingendem Körper und bewegter Luft. Entweder der schwingende Körper wird unabhängig bewegt und bewegt die Luft, Saiteninstrument im weitesten Sinn oder die Luft wird unabhängig bewegt und bewegt den schwingenden Körper. Begriff so gefaßt und Eintheilung so gefaßt erschöpfen sich, aber der Gegensaz wird auch positiv.
3. Das Verfahren öffnet einer Willkühr die Thüre, welche | nur zu leeren Versuchen Anlaß giebt. Denn auf diese Weise kann jeder Begriff jedem der nur theilbar ist angebracht werden.

4. Es giebt Gegensäze die positiv zu sein scheinen aber doch negativ sind, verkappte negative z. E. bei Thieren wild und zahm. Zahm positiv genommen ist wild nur Negation der Gesellschaftsfähigkeit. Wild negativ genommen ist zahm nur Negation der Gefährlichkeit, und nur so schließt der Gegensaz wirklich.

61. Man darf auch nicht mit einem positiven einfachen verfahren, sondern nur mit einem zusammengesezten.

1. Aus der Art wie uns der erste Begriff der Welt zusammengenommen mit dem Selbstbewußtsein wird, geht hervor daß wir die Welt nur durch doppelten Gegensaz theilen können. Denn ist alles Sein in ihr entweder ausschließlich ideal oder ausschließlich real so ist die Einheit unseres eigenen Seins aufgehoben. In der Analogie aber mit diesem ersten Schritt muß der ganze Prozeß bleiben sonst ist kein Gesez vorhanden und keine Einheit das Ganze auch nicht zu denken. Diese Duplicität wird sich immer finden lassen wenn man die Formel erst mit dem Schema sättigt.

2. Der einfache Gegensaz erhält immer geringeren Inhalt (nicht nur Umfang) der Inhalt muß aber eigentlich gleich bleiben denn im vollständigen Begriff muß die Totalität des Seins an sich mitgesezt sein.

3. Der einfache Gegensaz ist entweder falsch oder absolut das eine Glied schließt das andre völlig aus (worauf auch 2 beruht) Aber das Wissen ist nur im relativen Gegensaz denn nur in diesem ist die gleiche Einheit im Absoluten. Nur der doppelte Gegensaz ist mit seiner Relativität zugleich gesezt, wie es sein muß.

62. Das Anfangen aus der Mitte ist unvermeidlich.

1. Wegen der Zertheilung des Bewußtseins in die Persönlichkeit. Jeder findet schon so vieles gegeben daß er nicht überall von vorn anknüpfen kann, und keiner würde auch etwas zu Stande bringen wenn er das müßte.

2. Wegen der individuellen Richtung die jeden auf ein besonderes treibt gewaltiger als daß er erst könnte, wenn er auch wollte auf den ersten Anfang zurükgehen.

63. Es kann ein rein wissenschaftliches | Interesse haben oder auch ein bedingtes.

1. Daß eine Kenntniß der Dinge zu bestimmtem Behuf nicht rein von oben anfangen kann leuchtet von selbst ein.

2. Aber auch die wissenschaftliche Behandlung ist dem nothwendig unterworfen, theils weil nicht jeder Zweig kann bis zu den höchsten Principien zurükgeführt werden, theils weil sich einem Jeden die gegebenen Begriffe aufdrängen und an sie angeknüpft werden muß wenn man sich nicht aus der Gemeinschaft des Erkennens heraussezen will.

3. Wir betrachten zunächst nur das wissenschaftliche.

64. Die Aufgabe besteht aus zwei auch in der Realität nicht getrennten Momenten, der Krisis des terminus a quo und der Auffindung des Theilungsgrundes.

1. Wenn der Begriff von dem man ausgeht nicht recht gefaßt ist (welches zweierlei Grund haben kann a.) wenn er nur im bedingten Denken gebildet für den Ausdruk eines reinen Erkennens gehalten wird. b.) Wenn das Uebergewicht des einen Prozesses so stark ist daß in der Vereinigung geirrt werden konnte und ein Schema auf eine ungehörige Formel bezogen ist oder umgekehrt) so kann auch der Prozeß entweder gar nicht zu Stande kommen oder nur unrichtige Resultate geben.

2. Ist die Krisis richtig vollendet so muß auch der Theilungsgrund gefunden sein. Denn ein so gebildeter Begriff wie man ihn in das System der Begriffsbildung überhaupt eintragen kann muß in seinem Wesen die Duplicität involviren aus welcher die Theilung hervorgeht. – Nemlich soll der fragmentarische Prozeß im wissenschaftlichen Interesse sein: so darf auch nur der doppelte Gegensaz dominiren.

3. Eben deshalb wird ein solcher fragmentarischer Prozeß oft angestellt nur um einen gegebenen Begriff zu prüfen.

65. Nicht von jedem gegebenen Punkt aus kann man einen Deductionsprozeß anstellen, durch welchen ein Sein getheilt wird.

Weil man nämlich weiter unten auf Punkte kommt von denen man nicht mehr durch bestimmten Gegensaz theilen kann sondern wo das untergeordnete sich in einander verliert.

Diese Punkte sind weder überhaupt bestimmt noch überall dieselben. Es hängt ab von der Vollständigkeit des zu theilenden Begriffs. Je mehr in ihm noch Formel und Schema ineinander | aufgehn desto mehr bestimmte Theilungen werden noch möglich sein. Je complicirter aber die Formel geworden ist die im Absteigen durch doppelten Gegensaz immer complicirter wird, und je mehr das bloße Schema mit der Richtung auf die Nominaldefinition die Oberhand hat, um desto weniger.

Dies ist nun keine Ausnahme, sondern nur die regelmäßige Begrenzung durch den relativen Gegensaz von Sein und Thun, denn eben da geht das Gebiet an welches für jezt nur als Thun zu betrachten ist.

66. Die Prädicatsbegriffsbildung kann als secundär zu der Subjectsbegriffsbildung angesehen werden.

Nemlich weil kein Thun oder Eigenschaft real gesezt werden kann als in einem bestimmten Sein also von diesem abhängig. Umgekehrt beruht freilich das Sezen eines Seins auf dem vorläufigen eines Thuns.

67. In jedem Thun auch nur auf sein Subject bezogen ist zugleich ein Leiden des Subjects von einem anderen, also eine Duplicität gesezt.

In dem primitiven Falle, wie wir nemlich Denken sezen und zwar ursprünglich als Wahrnehmung ist es ganz klar; aber auch allgemein ist Spontaneität nicht ohne Receptivität denkbar. Denkt man sich das Thun wie es das Wesen des Subjects ausdrükt und also mit seiner ganzen Kraft von ihm ausgehen[d]: so wird es vom Subject aufgefaßt und zusammengehalten, das Subject also beschränkt und folglich leidet es vom Object. Sieht man es an als außer dem Sein des Subjects auch sein Zusammensein ausdrükend: so muß ja in diesem ein Leiden des Subjects von dem übrigen Sein gesezt sein.

Die Probe ist daß jedes Thun seinem Begriff nach eben

so gut kann von dem handelnden Subject aus entstanden gedacht werden als von dem behandelten Object aus. So im Denken und Wahrnehmen, in der Liebe, ja auch in den künstlerischen Productionen.

Diese Duplicität ist also zur Prüfung des Begriffs zu gebrauchen; er wird leer sein wenn sie nicht in ihm ist. Aber sie ist nicht zum weiteren ableitenden Verfahren hinlänglich. |

68. Ein PrädicatBegriff ist nicht eher real gesezt als mit dem Umfang seiner Intension zugleich.

Nemlich auf die Totalität (allgemeine Einheit[)] seines Subjects bezogen. Nur in und mit dieser Grenze ist der Begriff des Thuns durch den relativen Gegensaz zwischen Sein und Thun bestimmt z. E. thierische Erwärmung wenn ich minimum von dieser nicht kenne so daß ich oft über das maximum hinaus [bin] wodurch das Leben zerstört ist[;] nicht auf ihr eigentliches Subject bezogen also nur abstract gesezt.

Offenbar liegt diese Bestimmung auf der Seite des Schema; sie giebt das sinnliche Bild ohne sie ist der Gedanke abstract, d. h. aus dem Sein worauf er geht herausgesezt.

Je mehr der Begriff ein besonderer ist, um desto bestimmter sind auch seine Grenzen und umgekehrt. Thierische Wärme hat bestimmtere Grenzen als Wärme überhaupt, wozu man nur den Weltkörper als Subject sezen kann.

69. Ein Prädicatbegriffsschema ist nicht eher zum weiteren Absteigen ausgebildet[43] bis zwei Factoren darin gesezt sind ein beständiger und ein stetig wechselnder.

Da nemlich hier die Eintheilung nach bestimmtem Gegensaz nur zufällig ist, und nur auf einen Cyclus von besonderem gerechnet werden kann das in einander übergeht (z. E. Aristoteles Eintheilung der Liebe in gleiche und ungleiche hält nicht Stich. Liebe auf Genuß und Liebe auf Thätigkeit gerichtet gehen in einander über) so muß es einen unbeständigen Factor geben der aber auch mit

43 [Darüber ohne Streichungen:] mit der Formel geeiniget

der Grenze seines Wechselns zugleich muß gesezt sein. Einen beständigen aber muß es geben weil das Besondere doch muß das Allgemeine ganz in sich tragen. Beständiger bei Liebe z. E. ist Gemeinschaft des Daseins, offenbar durch Deduction allein regelmäßig zu finden, wie denn dieses überhaupt die Vollkommenheit der Formel ist. Unbeständiger ist das Verhältniß von Genuß und Thätigkeit pp.

70. Das Verderben der Begriffe im gemeinen Leben wirkt auf den Anfang | einzelner Erkenntnißreihen zurük.

Verderben würden alle Begriffe im gemeinen Leben werden wenn sie auch alle ursprünglich regelmäßig gebildet wären theils weil im Schwanken zwischen allgemeinem und besonderem eine Neigung zur Unbestimmtheit liegt theils weil jeder Begriff doppelgestaltet ist je nachdem er von Induction oder von Deduction ausgegangen ist worauf auch die Namen Begriff und Anschauung deuten. Aber die meisten Begriffe sind nicht wissenschaftlich sondern im gemeinen Leben selbst gebildet, weil das reine Denken im Zusammenhang später anfängt als das bedingte.

Aller Anfang aus der Mitte muß aber mit einem schon gegebenen hergebrachten Begriff anfangen wenn auch der Charakter der zu bildenden Reihe ganz wissenschaftlich ist.

71. Die im bedingten Denken des gemeinen Lebens richtig gebildeten Begriffe werden unrichtig wenn man sie auf das Gebiet des reinen Denkens überträgt.

Kraut und Unkraut, wild und zahm sind richtige Begriffe aber ökonomische eine Handlungsweise bezeichnend; braucht man sie aber um einen Unterschied im Sein selbst festzustellen so veranlaßt man nur eine Reihe von Irrthümern. Im physischen leichter aus einander zu lesen; das ethische Gebiet ist voll von solchen Mißverständnissen.

72. Am meisten ist dem reinen Erkennen entgegen das aus einem leidenschaftlichen Zustand entspringende bedingte

Denken. Daher vorzüglich streng zu prüfen sind alle polemisch entstandenen Begriffe.

Auf dem physischen Gebiet entstehen diese nur erst mittelbar in dem Streit der Theorien wirken aber dann auch höchst nachtheilig so daß | polemisch manche Begriffe von Substanzen und Actionen geschaffen worden sind, welche nur Gespenster sind.

Auf dem ethischen und transcendentalen Gebiet entsteht der Streit ursprünglich weil hier Gesinnung und Gegenstand Eines sind.

73. Alle Begriffe, die ein wirkliches Zusammensein der organischen und intellectuellen Function ausdrücken, liegen auch im Gebiet der Relativität des Wissens.

Ausgeschlossen von demselben sind nur der sinnliche Eindruk in wiefern er nur die chaotische Masse darstellt. Der Grad der Schärfe einzelner Sinne und das Verhältniß eines Sinnes zum andern kann ursprünglich verschieden sein; aber qualitativ angesehen ist jeder Sinn und ihr Zusammensein in allen Menschen nothwendig dasselbe.

Ausgeschlossen wäre auch die Idee Gottes, in der gar kein Antheil organischer Function ist wenn man sich über dieselbe in der Rede ohne in niedere Gebiete hinabzusteigen ausdrüken könnte. Zugeben wird aber jeder daß innerlich diese Idee in allen dieselbe sein muß. Beide Punkte sind aber solche und allein solche die kein Zusammensein beider Functionen enthalten.

74. Die Irrationalität[44] der Einzelnen kann nur ausgeglichen werden durch die Einheit der Sprache, und die Irrationalität der Sprache nur durch die Einheit der Vernunft.

Die Irrationalität der Einzelnen muß begrenzt sein durch die Identität der Sprache weil jeder mit seinem Denken in der Sprache aufgeht. Dies ist der Damm gegen die skeptische Tendenz die sie als unbegrenzt darstellen möchte.

Eben so nun gehen die Operationen aller Sprachen auf in denselben Combinationsgesezen und stehen un- | [ter]

[44] [„Irrationalität" über nichtgestrichenem „Relativität"]

selben Regeln (das speciell grammatische verschwindet gegen das Allgemeine) Also ist auch hier eine Begrenzung und ein Mittel der Approximation welches noch durch die Gemeinschaft der Sprachen erleichtert wird.
Auf jeden Fall aber ist hier die Abhängigkeit der Dialektik von der Hermeneutik, die aber auch wieder von jener abhängig ist. – Ueber die Schiksale der Hermeneutik.

Zweite Abtheilung
Theorie der Urtheilsbildung

75. Der erste urtheilende Moment sezt noch keine bestimmte Beziehung auf [ein] Subject und ist also Indifferenz von Irrthum und Wahrheit.

Denn da kein Einzelnes aus der Totalität gesondert wird, wird nur ausgesagt daß in der Totalität alles geschieht, und dies kann nichts anderes sein als die Wirkung auf die organische Function selbst. Erst hernach wenn mit der Beharrlichkeit das Subject bestimmt gesezt wird tritt der Gegensaz von Wahrheit und Irrthum ein und wird also der Irrthum möglich.

Dieses unvollständige Urtheil geht eben so nothwendig vor jedem Begriff her, wie jedes vollständige Urtheil wenigstens einen unvollständigen Begriff schon voraussezt.

Da das chaotische nie ganz verschwindet: so giebt es auch noch Momente die diesem primitiven Factum analog sind, und von denen gilt dasselbe, nur mit der Ausnahme, daß innere Affectionen die für äußere genommen werden z. E. sausen, flimmern, dann ein Irrthum sind, was man im primitiven auch nicht sagen kann, weil das wahrnehmende Subject selbst abgesehen von dem Eindruk selbst auch in der chaotischen Totalität stekt.

76. Die wirklichen Urtheile sind theils unvollständige, welche das Prädicat schlechthin dem Subject beilegen theils vollständige welche das Factum auf zwei Factoren zurükführen.

Die ersten heißen unvollständige inwiefern jedes Urtheil

ein Zusammensein ausdrüken soll, hier- | in aber das Sein womit das agirende zusammen ist ganz unbestimmt bleibt. A denkt und A liebt ist ein unbestimmtes Factum.

77. Aus dem Inbegriff aller vollständigen Urtheile entwikelt sich ein absolutes Urtheil, in welchem wieder Subject und Prädicat nicht getrennt sind.

Denn im Inbegriff aller vollständigen Urtheile ist alles Sein im Zusammensein aufgelöst. Denn alle Handlungen und Zustände eines jeden Dinges erscheinen als durch andre in ihm gesezt d. h. als Zusammensein und erschöpfen doch zusammen das Sein desselben. Und umgekehrt das Sein aller Dinge erscheint als Handeln jedes einzelnen nach allen Seiten hin.

Das absolute Urtheil ist also das der Identität von Sein und Thun. Also Rükkehr des unvollständigen in das identische.

78. Da im primitiven Urtheil das Subject das Chaos ist im absoluten aber das Subject die Welt so ist alles Denken unter der Form des Urtheils Fortschreiten vom primitiven zum absoluten.

Nemlich zwischen beide fällt die gleichzeitige Entwiklung des angebornen Begriffssystems. Der Begriff der Welt ist die Vollendung und durch ihn das absolute Urtheil bedingt.

79. Der Unterschied zwischen analytischen und synthetischen Urtheilen ist von hier an gesehen nur relativ.

Nemlich das absolute Urtheil ist wieder ein analytisches und alles frühere läßt sich ansehen als Vorbereitung zu diesem. Ehe der Begriff der Welt vollendet ist, ist aber auch kein anderer Begriff vollendet, also alle Urtheile Mittel zum vollständigen Begriff zu gelangen in diesem aber schon enthalten d. h. analytisch. Der Unterschied steht aber fest in Bezug auf jedes einzelne für sich gesezte Subject; also oben nichts zurükzunehmen.

80. Das unvollständige Urtheil steht dem primitiven näher und ist mehr analytisch; das vollständige dem absoluten und ist mehr synthetisch.

Das unvollständige sezt die Sphäre des Zusammenseins chaotisch; das vollständige bildet aus Subject und Object eine gemeinsame höhere Sphäre und nähert sich also der Bildung des Weltbegriffs wenn es über den bloßen Begriff seines Subjects immer hinaus geht. |

81. Das unvollständige hat daher mehr Analogie mit dem Deductions, das vollständige mit dem Inductionsprozeß.
In so fern durch das unvollständige Urtheil nur das Subject in seinem Thun aufgefaßt, also fester bestimmt wird, wie durch jeden Deductionsprozeß ein mehr einzelnes Dasein fixirt wird. Das vollständige bildet aus mehreren kleinen Sphären eine größere wie auch im Inductionsprozeß geschieht.

82. Das unvollständige Urtheil ist desto leerer, je unbestimmter der Subjectbegriff und desto unbestimmter je specieller der Prädicatbegriff gefaßt ist.

83. Das unvollständige allgemeine Urtheil kann Resultat der Beobachtung eines von jedem der beiden Glieder sein; seine Wahrheit beruht darauf daß der beobachtete Begriff immer in demselben Umfang ist gedacht worden.

84. Man kann von dem unvollständigen allgemeinen Urtheil nicht in höhere Sphären gehen ohne ein Reihe von Actionen vorauszusezen die nicht erfolgt ist. |

85. Das unvollständige Urtheil als besonderes angesehen (Schema ist das einzelne) fällt in den Bildungsprozeß eines niederen, einem schon bekannten höheren untergeordneten Begriffs.

86. Das unvollständige Urtheil in wiefern es den andern Factor indirect als x sezt (was freilich in der Form desselben nicht heraus zu treten braucht und selten heraus tritt) ist schon als Uebergang zum vollständigen anzusehen.

87. Das unvollständige Urtheil den andern Factor ignorirend muß sich hüten nicht mehr auszusagen was den Thätigkeitsgrad des Subjects betrifft als in der Wahrnehmung gewesen ist. |

88. Wie daher das uneigentliche Urtheil dem eigentlichen vorangeht so muß die unbestimmtere Aussage unter der Form des Zustands der bestimmteren unter der Form der Action oder Passion von einem andern vorangehen.

89. Die eigenthümliche Richtigkeit des vollständigen Urtheils beruht theils auf der richtigen Bestimmung des andern Factors theils auf der richtigen Bestimmung des Antheils beider.

90. Nur derjenige Factor kann als Subject gesezt werden dem das Resultat auch im unvollständigen Urtheil könnte beigelegt werden. |

91. Nicht jede Erweiterung des Urtheils in der ein Subjectbegriff vorkommt ist eine Objectbestimmung.

Das Eis schmilzt an der Luft ist kein vollständiges Urtheil, wol aber das Eis schmilzt durch die Wärme.

92. Das Object kann ein mitwirkendes sein oder auch ein reines, in welchem gewirkt werden soll.

93. Das mitwirkende kann nur durch Induction gefunden werden, und die Gewißheit steht in umgekehrtem Verhältniß mit der Erwartung einer Instanz.

94. Das reine Object ist auch als ein handelndes zu sezen weil das handelnde zugleich ein leidendes sein muß. Daher ist das Urtheil worin es nur als leidend erscheint ein auf seine Ergänzung wartendes. |

95. Wenn die Thätigkeit des Subjects mit ihrer Wirkung auf das Object zugleich ausgedrükt wird: so kann leicht mehr in der Aussage sein als in der Wahrnehmung war.

96. Jede Umkehrung eines Urtheils (wenn Prädicat zum Subject gemacht wird) ist Verpflanzung desselben in eine andere Reihe und erfordert Revision der Identität der Begriffe.

97. Dasselbe gilt von der Umwendung (der Verwandlung eines affirmativen in ein negatives und umgekehrt[)]. |

98. Das syllogistische Verfahren ist für die reale Urtheils-

bildung von keinem Werth weil die substituirten Begriffe nur höhere oder niedere sein können.

99. Bei der gemeinen logischen Theorie vom Umkehren der Urtheile ist die Aufstellung der verschiedenen generum syllogismi unnöthig da sich alle auf das erste zurükführen lassen.

100. Die untergeordneten Figuren beruhen auf der Eintheilung der Urtheile in universelle partielle und singuläre, und sind unnüz da die singulären in dieser Hinsicht den universellen gleich gesezt werden die partiellen aber nur ein Zusammenfassen von mehreren singulären sind und eigentlich gar kein Urtheil von dem ein weiteres Verfahren ausgehen kann. |

Zweiter Abschnitt
Von der Combination

Anmerkung. Rükverweisung auf § 5 und 6.

Erste Abtheilung
Vom heuristischen Verfahren

101. Insofern es auf Begriffe geht, und sich an das noch übrige Chaos knüpft kann es nur negativ sein. Aus zu früher Begriffsbildung entsteht die Hypothesennoth.

102a. Als Zusammenfassung, also Induction ist sein Princip die Congruenz, die sich aber problematisch auf einen schon als Deduction gegebenen Punkt beziehen muß. |

102b. Als Theilung oder Ableitung also Deduction ist sein Princip die Analogie als Anwendung des kleineren, des größeren, des parallelen also voraussezend das architectonische Verfahren.

103. Für die Urtheilsbildung ist die Methode desselben der Versuch, die auch auf einem umgebenden festen und architectonisch geordneten Begrifssystem beruht.

104. Es ist daher in allen seinen Zweigen wesentlich Kunst. |

Zweite Abtheilung
Vom architektonischen Verfahren

105. Sein kleinster Gegenstand ist jeder einzelne Begriff als aus einer Mannigfaltigkeit von Urtheilen entstehend; sein größter Totalität alles menschlichen Wissens.

106. Zwischen beiden liegt auf der einen Seite die Architektonik einer einzelnen Wissenschaft auf der Andern die Anordnung einer subjectiven Gedankenreihe.

107. Man kann also zwei Verfahrungsarten unterscheiden, eine mehr subjective und eine mehr objective. |

108. Jeder Begriff ist zu construiren in Bezug auf das System aller Begriffe im relativen Gegensaz seines Seins und Zusammenseins.

109. Jede Reihe ist dialektisch (nicht rhetorisch) zu construiren nach dem Princip daß alles bedingte Denken aufgehen soll in dem reinen.

110. Die allgemeine objective Architectonik ist auch die eines Begriffs weil die Einheit aller Erkenntniß der Begriff der Welt ist; eben so jede besondere. |

111. Das allgemeine Theilungsprincip ist der doppelte Gegensaz des idealen und realen in Vernunft und Natur.

112. Auf dem doppelten fließenden Gegensaz beruht der relative von speculativer und empirischer Wissenschaft.

113. Die Einheit beider die aber immer nur in der wissenschaftlichen Gesinnung ist, ist die Idee der Weltweisheit. |

114. Die Idee des Wissens unter der isolirten Form des Allgemeinen ist die Dialektik.

115. Die Idee des Wissens unter der isolirten Form des Besonderen ist die Mathematik.

116. In jedem realen Denken ist daher so viel Wissenschaft als darin ist Dialektik und Mathematik.

EINLEITUNG ZUR DIALEKTIK (1833)

Einleitung

1. Dialektik ist Darlegung der Grundsäze für die kunstmäßige Gesprächführung im Gebiet des reinen Denkens.

Anmerkung. Die hier gebrauchten Ausdrükke sind zwar im allgemeinen als verständlich vorauszusezen; allein da sie in sehr verschiedenem Umfange angewendet werden, so sind doch einige Erörterungen nöthig.

1. Denken wird hier als die allgemeinste Bezeichnung der bekannten geistigen Function in dem weitesten Umfange genommen, so daß nicht nur das im engeren Sinne sogenannte Denken vermittelst der Sprache darunter zu verstehen ist, sondern auch das Vorstellen, oder das Beziehen sinnlicher Eindrükke und Bilder auf Gegenstände oder Thatsachen, mithin auch was wir die Thätigkeit der Fantasie nennen, dem Denken nicht entgegengesezt, sondern mit darunter begriffen wird. – Aehnlicherweise wird auch der Ausdrukk Gesprächführung in dem weiteren Sinne verstanden, in welchem dabei nicht schlechthin wenigstens zwei denkende Einzelwesen vorausgesezt werden, sondern einer auch Gespräch mit sich selbst führen kann, sofern nur zwei verschiedene und auseinandergehaltene Folgen von Denkthätigkeiten wechselnd auf einander bezogen werden. Wogegen, was man sonst auch wol Selbstgespräch zu nennen pflegt, nämlich fortlaufende innere Rede oder Gedankenentwiklung ohne eine solche Entgegensezung der einzelnen Bestandtheile vermöge deren sich einer im Denken wie zweie verhält, auch nicht hieher gehört. In beiden Fällen aber hält sich die Gesprächführung innerhalb des sprechenden Denkens.

2. Der Ausdrukk reines Denken bestimmt sich in der Unterscheidung desselben vom geschäftlichen Denken und vom künstlerischen Denken sofern es nämlich

keine andere Richtung giebt, in welcher gedacht wird als diese drei. Zum geschäftlichen Denken, wobei lezteres Wort in dem weitesten Sinne genommen wird, rechnen wir alles Denken um eines anderen willen welches dann immer irgend ein Thun sein wird, ein Verändern der Beziehungen des Außer uns auf uns. Und zwar können wir bei dem außer uns auch alles unterbringen, was in und an uns zwar aber außer der Denkthätigkeit ist, so daß beginnend bei dem Bewußtsein womit wir die Verrichtungen des animalischen Lebens begleiten und vorbereiten bis zu den Selbstbestimmungen wodurch wir unsere Herrschaft über die Natur und über andere Menschen befestigen und erweitern alles zum geschäftlichen Denken gehört. Das künstlerische Denken hat mithin dieses mit dem reinen Denken gemein, daß es nicht um eines anderen willen ist und Denken ist auch hier im weitesten Sinn, indem das künstlerische Bilden nicht ausgeschlossen werden darf, zu fassen. Zu diesem künstlerischen aber gehört alles Denken, welches nur unterschieden wird an dem größeren oder geringeren Wohlgefallen so daß auch nur dasjenige dem ein ausgezeichnetes Wohlgefallen beiwohnt aus dem lediglich innerlichen, sei es nun eigentliches Denken oder Bilden zur Mittheilung und Festhaltung hervortritt und ein äußeres wird. Das Denken und Bilden ist also hier von dem im Traume anfangend bis zu den Urbildern künstlerischer Werke sich steigernd eigentlich nur der momentane Act des Subjectes, durch den es sich auf bestimmte Weise zeitlich erfüllt, und nur das lebendigste und wohlgefälligste davon nach Außen verbreitet. Wenn diese beiden Erklärungen nicht hinreichende Schärfe zu haben scheinen um eben so an die Spize anderer Erörterungen gestellt zu werden, wie wir die von dem reinen Denken noch zu gebende an die Spize der unsrigen zu stellen denken: so schadet das der beabsichteten Unterscheidung nicht. Und wenn wenigstens die Frage noch übrig bleibt, ob diese verschiedenen Abartungen der Denkthätigkeit streng entgegengesezt sind, oder durch Uebergänge vermittelt: so wird auch diese späterhin ihre Erledigung finden. Das reine Denken nun unterscheidet sich auf der einen Seite von dem geschäftlichen als nicht um eines anderen sondern um des | Denkens selbst willen gesezt, auf der andern Seite von dem künstlerischen dadurch, daß es sich nicht auf die momentane Action des Subjectes nämlich des denkenden Einzelwesens beschränkt, mithin auch sein Maaß nicht hat an dem Wohlgefallen an dessen zeitlichen Erfülltsein; sondern indem es um des Denkens willen ist hat jeder solche Act sein Maaß nicht nur an dem Fortbestehen desselben in und mit allen Denkacten desselben Subjectes sondern auch in dem Zusammenbestehen des Denkens in diesem Subject mit dem Denken in allen andern. Schreiben wir nun einem Denken dieses Fortbestehen und Zusammenbestehen zu: so sagen wir, ich weiß, und werden insofern sagen können, das reine Denken sei das Denken um des Wissens willen, indem wir den etwa noch anderweitigen Gehalt des Ausdruks Wissen hier noch gänzlich dahin gestellt sein lassen, sondern dadurch nur das Denken bezeichnen sofern es als in Allen dasselbe und mit allem veränderlichen Denken zusammenbestehend oder in demselben mit enthalten gesezt wird, und alles Denken in dieser Richtung auf das Wissen ist das reine Denken. Es ist aber um des Wissens willen nicht in dem Sinne als ob das Wissen ein anderes wäre; sondern weil alles reine Denken selbst Wissen werden will. Indem wir nun diese dreie unterscheiden, das reine Denken als das in sich selbst bleibende und sich uns zur Unveränderlichkeit und Allgemeinheit steigernde, das geschäftliche welches in dem Anderswerden von etwas oder in der Erreichung eines Zwekkes sein Ende findet, und das künstlerische welches in dem Moment des Wohlgefallens zur Ruhe kommt, besorgen wir nicht daß wir in der Folge bei der weiteren Betrachtung des reinen Denkens in Verwirrung gerathen könnten mit einem andern zu keinem von diesen dreien gehörigen Denken sondern bis uns ein solches aufgezeigt wird, behaupten wir, daß alles menschliche Denken in diesen drei Richtungen beschlossen ist. Ob aber auch alle dreie ohne Unterschied in jedem menschlichen Einzelwesen anzutreffen sind, so daß die Einzelnen sich nur durch ein verschiedenes Verhältniß dieser Richtungen unterscheiden, dies bleibe ebenfalls für jezt dahin gestellt, und nur dieses sezen wir fest, daß die Dialektik nur für diejenigen sei, welche sich der Richtung auf das Wissen oder des Wissenwollens bewußt sind, und sie soll auch nur für das Verfahren in dieser Richtung gelten.

3. Jede dieser drei Richtungen des Denkens hat nun auch eine ihr entsprechende Weise der Gesprächführung. Das freie Gespräch gehört überwiegend dem künstlerischen Denken an. Gehen wir aus von der Gedankenerzeugung als freier Thätigkeit des Einzelnen und von der Möglichkeit der Mittheilung des gedachten durch die Sprache so müssen wir auch eben so voraussezen, daß durch Mittheilung des Einen die Gedankenerzeugung des Anderen theils erregt, theils wenn sie schon im Gange ist umgelenkt und anders bestimmt werden kann. Das freie Gespräch ist nun die auf diesem Wege durch gegenseitige Mittheilung sich entwikkelnde Wechselwirkung, wobei das Verhältniß der Gedanken des Einen zu denen des Andern ihrem Inhalt nach so gut als gar nicht in Betracht kommt, sondern nur die allerdings durch das Wohlgefallen an der Mittheilung zu unterstüzende erregende Kraft welche die Gedankenerzeugung des Einen auf die des Andern ausübt. Dieses ursprüngliche in jedem Zusammenleben sich bildende Gespräch hat kein anderes natürliches Ende als die allmählige Erschöpfung des beschriebenen Prozesses, und kann also um so länger fortgesezt werden je mehr erregende Kraft den hervortretenden Gedanken einwohnt; aber es kann freilich jeden Augenblikk übergehen sowol in das geschäftliche Denken als auch in die Richtung auf das Wissen. So lange es nun nicht auf diese Weise seine Natur ändert, läßt sich eine andere Anweisung dazu nicht denken als die Kenntniß der Bedingungen unter welchen Gedankenmittheilung durch die Rede Wohlgefallen erregt. – Die Gesprächführung auf dem Gebiet des geschäftlichen Denkens ist dadurch bedingt daß jemand zu seinem beabsichteten Thun Anderer bedarf sei es nun um es zu ihrem eigenen zu machen damit sie übereinstimmend dazu mitwirken, oder nur um zu hin-

dern, daß sie[1] störend und hemmend entgegen wirken. In beiden Fällen kommt es darauf an durch die Rede den Willen Anderer zu bestimmen, und hier hat die Kunst der Ueberredung ihr eigenthümliches Gebiet, wie sie überall im gemeinen Leben bei Verträgen und Berathungen aller Art geübt wird. Die Anweisung dazu aber ist bekanntlich in dem klassischen Alterthum in der größten Vollkommenheit bearbeitet, zugleich aber von andern Seiten für höchst gefährlich erklärt worden.[2] Sie ist aber nur gefährlich, wenn sie sich nicht auf die Aufgabe beschränkt wie die gewünschte Willensbestimmung mit dem mindesten Aufwand und doch zu beiderseitiger Zufriedenheit zu erreichen ist, sondern wenn sie durch das bloße Wohlgefallen gleichsam als Lohn für die Erregung desselben die Willensbestimmung erschleichen will, oder auch auf der andern Seite dadurch, daß sie den Zusammenhang derselben mit dem eigenen Thun des Anderen auf eine solche Weise darstellt, wie er sich ihm hernach nicht bewährt. Beides ist eine Täuschung, in dem lezteren Falle aber besonders wird ein Schein des Wissens erregt, und nicht selten ist dieser Nebenzweig der Ueberredungskunst mit dem Namen Dialektik bezeichnet worden, ein Sprachgebrauch, welcher mit dem unsrigen nichts gemein hat. – Die Gesprächführung endlich auf dem Gebiet des reinen Denkens in dem bereits angegebenen Sinn sezt eine Hemmung des reinen Denkens voraus entweder in Einem, und dann entsteht Selbstgespräch oder zwischen mehreren in der reinen Gedankenerzeugung sich mittheilenden, und dann entsteht das eigentliche Gespräch. Denn sezen wir einen Einzelnen im reinen Denken begriffen von einem ihm im obigen Sinne *gewissen* aus fortschreitend, so daß ihm jedes folgende eben so ein gewisses wird: so entsteht, so lange die Entwiklung ungehemmt fortgeht, kein Selbstgespräch sondern eine fortlaufende innere Rede deren einzelne Theile gleichmäßig unter sich und mit dem ganzen gewiß sind. Eben

[1] [H:] daß sie nicht
[2] [H:] worden ist

so wenn diese Rede einem anderen mitgetheilt wird, dem der Anfang schon gewiß ist, oder | er wird ihm augenblik-lich gewiß und eben so auch jedes folgende Glied der Reihe: so entsteht kein Gespräch, wenn man nicht die bloß begleitende Bejahung so nennen will, sondern ohne eigentliche Wechselwirkung wird in dem Aufnehmenden dasselbe, was in dem Mittheilenden war. Das Gespräch entsteht aber sogleich, wenn wir eine Hemmung sezen, als Selbstgespräch wenn entweder von einem Gliede der Reihe aus zwei andere entstehen, die nicht zugleich gewiß werden wollen, und also ein Schwanken zwischen beiden, oder auch wenn zwar nur ein Gedanke entsteht, um dessentwillen aber, wenn er gewiß sein soll, ein anderes schon gewiß gewesenes aufhören müßte gewiß zu sein. Eben so entsteht [es] als eigentliches Gespräch wenn von demselben Punkt aus dem einen Unterredner ein anderes Denken gewiß wird als dem andern, und beide Gedanken nicht zugleich gewiß werden wollen, oder wenn einer von beiden, damit ihm dasselbe wie dem andern gewiß werde, ein ihm schon gewiß gewesenes als nicht mehr gewiß ausstreichen müßte. Diese Zustände nun sind die, welche wir durch die Ausdrükke Zweifel und Streit bezeichnen, ohne welche mithin das Bedürfniß unserer Disciplin gar nicht vorhanden sein würde, wie dieses auch die Geschichte derselben auf das bestimmteste nachweiset. Denn nur wo der Streit schon war, und zugleich die Richtung auf das Wissen stark genug und das reine Denken bestimmt genug von dem andern unterschieden um den Streit rein in seiner Natur zu unterhalten, nur da hat die Dialektik entstehen und sich ausbilden können. Wo hingegen reines Denken und künstlerisches nicht recht aus einander treten, oder auch wo es zwischen verschieden Denkenden keine Denkgemeinschaft giebt, sondern nur die einfache Mittheilung der selbständig Denkenden an die Aufnehmenden, da tritt keine Dialektik ans Licht.

4. Aber freilich nicht Alle, welche den Streit kennen, wollen deshalb auch die Dialektik ausbilden helfen oder auch nur anerkennen. Vielmehr hat es in dieser Beziehung fast von jeher zwei entgegengesezte Handlungswei-

sen gegeben, zwischen denen jeder, der sich im Gebiet des Streites findet, zu wählen hat. Die eine weiset alle Gesprächführung auf den Grund des Streites als vergebliche Mühe von sich. Dabei liegt die Voraussezung zum Grunde, das beschriebene Entgegenstreben im Denken, da nämlich dem einen nicht gewiß werden will, was dem andern gewiß ist, bedeute nichts anderes als die in der Natur gegebene und auf keine Weise aufzuhebende Differenz sei es nun mehrerer Einzelwesen oder auch nur mehrerer Momente in dem Leben desselben Einzelwesens. Keinem könne in einem Augenblikk anderes gewiß sein als ihm ist, denn dieses sei das unvermeidliche Ergebniß der jedesmaligen Umgebungen in sein Dasein; und weil jedem jedesmal das seinige unvermeidlich sei: so sei jede Zusammenstimmung mehrerer im Gewißsein nur etwas zufälliges und nicht zu erwirken. Diese Handlungsweise in Bezug auf das Denken ist das Wesen des folgerechten Skepticismus. Die entgegengesezte, welche wir ohne einen neueren Gebrauch des Ausdrukks zu berüksichtigen nur als das Gegenstükk zu jener den Dogmatismus nennen, nimmt die Gesprächführung im Zustand des streitigen Denkens an, und geht dabei offenbar von der Voraussezung aus, daß das Entgegenstreben im Denken als ein Zerfallen der denkenden unter sich solle beseitiget werden. Diese Handlungsweise allein bedarf mithin der Dialektik; die skeptische kann von derselben keinen Gebrauch machen. Indem wir also die Dialektik aufstellen wollen, scheiden wir uns von der Skepsis von vorne herein und gänzlich. Man kann zwar hiegegen einwenden, die Skeptiker hätten allerdings eben auf den Grund ihres Streites gegen die Dogmatiker mit denselben kunstmäßiges Gespräch geführt; allein dieses ist entweder nur ein Schein, oder wenn mehr, dann eine Folgewidrigkeit. Es ist nur ein Schein, wenn der Skeptiker sich damit begnügt nachzuweisen, daß seine Gegner unter sich uneins sind und die Aussagen des einen Dogmatikers die eines anderen aufheben. Denn eine solche Nachweisung ist keine Gesprächführung, sondern nur die Entwiklung der einfachen Aussage, daß der Streit noch nirgend beendiget ist. Will aber der Skeptiker seinem Gegner dieses gewiß machen, daß der Streit nicht könne beendiget werden, dann freilich muß er Gespräch führen und auch kunstmäßig; aber von dem Augenblikk an wird er sich selbst untreu. Denn er will nun selbst eine Zusammenstimmung im Denken erwirken, welche nicht zufällig und vorübergehend sei, und er muß hiezu voraussezen, daß es im Denken sowol in dem Act für sich als im Fortschreiten von einem zum anderen etwas von jener Verschiedenheit der Einzelwesen nicht afficirtes gebe, indem er sonst auch nicht einmal dies eine Gespräch kunstmäßig, und so daß es für alle gelten soll, | führen könnte. – Indem wir uns nun gleich auf diesem Punkt von dem Skeptiker scheiden, behalten wir offenbar das Gebiet des reinen Denkens für uns allein. Denn wird kein in Allen selbiges Denken angestrebt weil nämlich jedes nur die Verschiedenheit der Einzelwesen ausdrükkt so giebt es auch keine Richtung auf das Wissen, und das Denken des Einzelnen kann dann auch keinen andern Werth haben, als an und für sich betrachtet den auf der Skala des Wohlgefallens, und, wenn überall noch ein Zusammenhang angenommen werden soll, die Beziehung auf die anderweitigen Zustände des Subjects. Jenes nun ist der künstlerische dieses der geschäftliche; und wie keinen anderen Werth, so kann der Skeptiker auch keine andere Kunst auf dem Gebiet des Denkens zugeben, als die zu bewirken, daß er selbst und Andere so denken wie es ihm wohlgefällig und nüzlich ist.

5. Soll nun die Dialektik sich ausschließlich auf das Wissen in dem angegebenen Sinne beziehen, und zwar so daß sie den Zustand des Streites als vorhanden voraus sezt und nur für diesen wirksam sein will: so können wir nicht auch behaupten, daß die Regung zum Wissenwollen von ihr ausgehe, und sie der nothwendige Anfang alles Wissens sei, vielmehr sezen wir voraus daß schon immer in der Richtung auf das Wissen ist gedacht worden. Eben so wenig aber haben wir ein Recht irgend ein Denken, als sei es ein schon vollendetes Wissen, zum Grunde zu legen. Vielmehr müssen wir von vorne herein als möglich

annehmen, daß überall auf diesem Gebiet des Denkens um des Wissens willen, gleichsam Stoff zu noch unentdektem Streit vorhanden sei, welcher durch neue Denkacte kann aufgeregt werden; wie ja die Geschichte der meisten Wissenschaften in ihren mannigfaltigen Umgestaltungen nichts anderes darbietet, als ein sich immer erneuerndes Zurükgehn auf früher für unstreitig gehaltene Vorstellungen und Säze als auf streitig gewordene. Nur geben wir auf der anderen Seite eben so gern zu, daß, wenn jemals alles seinem Motiv nach reine Denken sollte Wissen geworden sein, so daß aller Streit beseitiget wäre, und neuer nicht mehr entstehen könnte, sondern das Wissen sich durch das einfache Verkehr zwischen Mittheilenden und Auffassenden fortpflanzte und verbreitete, sie alsdann, in der Form, wie sie in Beziehung auf den Streit dermalen aufgestellt werden muß, nicht[3] mehr zur Anwendung kommen würde. In diesem Zwischenraum aber, das reine Denken als die Thatsache des Wissenwollens schon im Gange, aber das Wissen noch nicht vollendet, behauptet sich die Herrschaft auf diesem Gebiet als die Kunstlehre nach welcher verfahren werden muß, so oft Streit entsteht, um ihn zu beseitigen. Denn Kunstlehre nennen wir jede Anleitung bestimmte Thätigkeiten richtig zu ordnen um ein aufgegebenes zu erwirken. Weil sie aber als solche, und zwar als Eine, das ganze Gebiet beherrschen soll: so darf sie nicht andere Methoden aufstellen für den einen und andere für den anderen Streit, oder eben so für diese und für jene Streitenden; sondern sie muß Grundsäze aufstellen, welche dieselben sind für Alle und allem Streit angemessen nicht um vorübergehend den einen Streitenden auf die Seite des andern hinüberzuführen, sondern um das zerfallene Denken zur Einheit des Wissens zu fördern. Jeder Erfolg dieser Art ist freilich dadurch bedingt beim eigentlichen Gespräch, daß beiden Theilen die dialektischen Grundsäze selbst gleich gewiß sind, und im Selbstgespräch, daß sie jedem in allen Momenten gleichmäßig gewiß bleiben,

[3] [H:] nicht,

und nicht durch irgend einen andern reinen Denkact selbst wieder in Zweifel gestellt werden.

2. Die Dialektik kann sich nicht in einer und derselben Gestalt allgemein geltend machen, sondern muß zunächst nur aufgestellt werden für einen bestimmten Sprachkreis; und es ist im voraus zuzugeben, daß sie in verschiedenem Maaß werde anders gestellt werden müssen für jeden anderen.

Wenn alles reine Denken, so wie der Einzelne zuerst in diese Thätigkeit hineintritt, immer schon vom Streit betheiligt ist; jedes förderliche Verfahren im Streit aber voraussezt, daß die dialektischen Regeln den Streitenden gemeinsam geworden sind: so würden also diese – mit Ausnahme des Falles, wenn mehrere ohne vorangegangenen Streit in reinen Denkacten übereinstimmen – das erste sein, worin sich mit gegenseitigem Bewußtsein die Richtung auf das Wissen zu einem Resultat verwirklicht. Würden sie nun so jedem Einzelnen, sobald sich in ihm die Möglichkeit des reinen Denkens ergiebt, auch mitgetheilt: so wäre dadurch der Grund gelegt zu einer sich immer weiter verbreitenden Aufhebung alles Streites, selbst für den Fall wenn manches das von selbst übereinstimmend gedacht wird, auch selbst wieder | streitig würde. Die Aussicht auf diesen Erfolg wird aber sehr beschränkt durch obigen Saz, welcher noch der folgenden Erläuterungen bedarf.

1. Es giebt kein geschichtliches Zurükgehen auf einen Zeitraum, wo alle Menschen dieselbe Sprache redeten; sondern das älteste gegebene ist das Getrenntsein der Menschen durch die Verschiedenheit der Sprachen, so daß das Gesprächführen ursprünglich nur zwischen Sprachgenossen vorkommt. Daher entsteht auch in jeder Sprache, wie sie sich allmählig als ein in sich abgeschlossenes ganze entwikkelt, und die Richtung auf das Wissen darin hervortritt, der Streit um den es sich hier handelt, und somit auch das Bedürfniß einer solchen Anweisung. Wenn daher eine Sprache in ihrem isolirten Zustand sich sonst vollständig entwikkelt, aber keine Dialektik producirt: so beweiset dieses entweder daß das Volk außer dem

geschäftlichen nur zu freiem künstlerischen Denken aufgeregt ist, oder daß das reine Denken auf übereinstimmende Weise in Allen mithin ohne Streit hervortritt. Treffen späterhin auch verschiedene Sprachgenossen zusammen: so muß sich doch immer jeder Streit in dem Gebiet der einen von diesen Sprachen festsezen. Könnte nun angenommen werden, daß dasselbe Einzelwesen mit einem anders redenden in dessen Sprache denselben Streit eben so führen könnte wie mit einem Sprachgenossen in der eigenen: so wäre die Beschränkung, welche unser Saz ausspricht ohne hinreichenden Grund. Allein wir dürfen um uns vom Gegentheil zu überzeugen nur den ältesten vorliegenden Fall dieser Art betrachten, ich meine den Uebergang des Philosophirens von den Griechen zu den Römern. Das unsichere und ängstliche Ringen des übertragenden Cicero zumal verglichen mit seiner Sicherheit, wo er über andere Gegenstände den Streit in der Muttersprache führt, verräth zu deutlich, daß ein Römer, dem der Werth des wiedergegebenen griechischen fremd war, auch bei dem lateinischen nicht dasselbe denken konnte, wie einer der zugleich auch beim griechischen hergekommen war. Und dasselbe gilt nothwendig auch von den dialektischen Ausdrükken selbst, daß sie überall ihren vollen Werth nur haben können für die Sprachgenossen selbst. Ja es folgt noch weiter schon hieraus, daß wenn auch bei der Lösung unserer Aufgabe in allen verschiedenen Sprachgebieten dieselbe Tendenz zum Grunde liegt und von demselben Standpunkt ausgegangen wird, die ganze Entwiklung doch nicht so dieselbe sein wird auch nur in ihren wesentlichsten Theilen, wie wenn dieselbe mathematische Formel in verschiedenen Sprachen ausgedrükt wird, wo allerdings nur die Laute verschieden sind. Selbst der Umstand daß der Kreis von Ausdrükken, aus welchem wir Deutsche diese Untersuchungen zu führen pflegen eine Menge von griechischen und lateinischen Elementen in sich schließt, zu denen sich unsere anders redenden Nachbarvölker eben so verhalten wie wir selbst, übt auf die Verständigung in diesem Gebiet nicht so bedeutenden Einfluß als man glauben möchte. Denn die Eigenthümlichkeit einer Sprache wirkt auch bei der Auffassung jeder anderen mit; und schon wenn wir die Engländer und Franzosen beobachten, wie sie[4] sich die wissenschaftliche Sprache der Alten aneignen, werden wir finden, daß ihr Resultat nicht ganz dasselbe ist wie das unsrige. Auch die Rükksicht auf diese angeeigneten Elemente kann daher nicht hindern zur Begründung unseres Sazes ganz allgemein auszusprechen, daß es auch auf diesem Gebiet in jeder Sprache solche Elemente giebt, welche irrational sind gegen andere Sprachen, so daß sie auch nicht durch eine Verknüpfung mehrerer Elemente dieser Sprachen genau wiedergegeben werden können. Kommen nun solche Ausdrükke vor denen in einer anderen Sprache keiner entspricht, welcher genau denselben Werth hätte: so ist auch zwischen beiden eine unaustilgbare Differenz im Denken gesezt. Im Gebiet unserer Aufgabe kann dieses gleich am Anfang der Fall sein mit den einem streitigen Saz oder Begriff wesentlichen Elementen aber eben so auch noch am Ende bei den allgemeinen Bezeichnungen der Gruppen, unter welchen alles Wissen zusammenfassend vertheilt werden soll. Wenn nun an jenem Anfang und an diesem Ende, dann auch gewiß auf den zwischenliegenden Punkten überall mehr oder minder. Das natürliche also ist, daß wir an der Lösung unserer Aufgabe nur für unsere Sprachgenossen arbeiten; minder natürlich aber wäre freilich, wenn wir dabei der anders sprechenden doch auch im Wissenwollen begriffenen Menschen und unseres Verhältnisses zu ihnen so ganz vergäßen, daß wir behaupteten eine Darstellung geben zu können, welche für alle Zeiten ausreichte und auch im Raume überall hin sich verbreiten | und in allen Sprachen anerkannt werden [würde]; wo nicht so wäre auch darin keine erfolgreiche Richtung auf das Wissen und keine kunstmäßige Lösung des Streites. Aber wir verzichten auf eine solche Allgemeingültigkeit nicht nur wegen Unzulänglichkeit unserer Mittel; sondern wenngleich wir dadurch jenen Anspruch retteten, wür-

[4] [H:] sich

den wir es doch für keine Verbesserung achten, wenn es nur Eine Sprache gäbe für Alle. Denn nur alle diese Abänderungen zusammen genommen erschöpfen das Denken des menschlichen Geistes; und dasselbe System von Formeln sich überall geltend machen zu sehen, wäre ein schlechter Gewinn gegen die weit reichere Aufgabe die an verschiedenen Orten sich bildenden verschiedenen Methoden einander möglichst anzunähern und sie nur so auf einander zurükzuführen, daß einleuchtet wie allen dasselbe zum Grunde liegt, und nur jede Sprache von einer andern geistigen Eigenthümlichkeit aus auch eine andere Natur und Geschichte zu betrachten hat.

2. Der Ausdrukk Sprachkreis aber, dessen sich unser Saz bedient ist beides, sowol in seinem engsten als in seinem weitesten Umfange zu nehmen. Denn einerseits bilden sich in jeder Sprache von irgend bedeutendem Umfang zumal für das Gebiet des reinen Denkens wieder verschiedene engere Organisationen, je nachdem hier das eine dort das andere besondere Gebiet des Denkens vorzüglich angebaut wird, und sich das gegenüberstehende unterordnet; eben so aber auch je nachdem das Bedürfniß den Streit zu lösen überwiegend von der einen oder von der andern Seite her zuerst rege wird. Denn die Entwiklung trägt nothwendig immer etwas und zwar unausscheidbares von ihrem Ursprung an sich. Zwischen diesen verschiedenen Sprachorganisationen nun, mögen sie gleichzeitig sein oder auf einander folgen, und mögen sie absichtlich im Prozeß des reinen Denkens hervorgerufen worden sein oder sich von selbst gebildet haben, so daß sie sich schon vorfinden wenn die ersten dialektischen Versuche entstehen, ist allemal das Verständniß gehemmt, wenn auch nur auf untergeordnete Weise. Aber je mehr dies sich verbirgt und je weniger die Verhandelnden bemerken, daß sie vermittelnder Zurükführungen bedürfen, um desto zahlreicher und heftiger entwikkeln sich die Mißverständnisse. Auf der andern Seite wiederum bilden auch mehrere Sprachen, bald mehr durch natürliche Verwandschaft bald auch durch gegenseitige Einwirkungen, eine größere wenngleich losere Einheit, indem sie sich als eine

zusammengehörige Gruppe von andern eben solchen Gruppen oder auch von noch ganz isolirten Sprachen bestimmter sondern, unter sich aber nach Maaßgabe der Innigkeit und Vielseitigkeit ihres Verkehrs immer mehrere Oerter auszeichnen, von wo aus ihre Verschiedenheiten richtiger geschäzt und leichter ausgeglichen werden können. In diesem Sinne können wir sagen, daß alle Sprachen der westeuropäischen Völker, welche ihre erste wissenschaftliche Entwiklung an der lateinischen Sprache gemacht haben, nicht nur damals einen solchen Kreis bildeten, sondern die Nachwirkung davon dauert noch in verschiedenem Maaße fort. Denn wenn sie sich gleich sehr bestimmt theilen in solche, welche sich überhaupt aus jener genährt und gebildet haben, so daß sie ganz und gar nur als Umbildungen derselben zu betrachten sind, und in solche, in denen das ursprünglich volksthümliche auch auf dem wissenschaftlichen Gebiet wieder die Oberhand gewonnen hat: so besteht doch unter ihnen vermittelst der gemeinschaftlichen Geschichte ein innigerer Zusammenhang als zwischen einer von ihnen und etwa den slavischen. Eben so wiewol zwischen uns und den Morgenländern der Sprachzusammenhang deutlich nachgewiesen ist, sind die Völker doch durch einen ganz anderen Entwiklungsgang gänzlich von einander getrennt. Wir können mancherlei Anklänge finden für unsere Philosopheme in persischen und indischen Sprüchen und Dichtungen; aber mit den Nachkommen jener Geschlechter einen philosophischen Gang machen, oder auf den Grund der Ergebnisse unserer Weisheitsschulen ein vorläufiges Abkommen zu gegenseitiger Verständigung mit ihnen abschließen wollen, das hieße das unmögliche versuchen. Und doch stehn uns diese noch ohne Vergleich näher als die Völker von anderer Farbe und Bauart, deren Sprachen auch schon von vorne her wie nach anderen Principien gebaut erscheinen. Demohnerachtet dürfen wir auch von diesen nicht voraussezen, daß gar kein Wissen auch in unserm Sinn in ihnen angelegt und in der Entwiklung begriffen sei. Bedenken wir aber, wie schwierig ja fast unmöglich es uns sein würde in ihre Verfahrungsart einzugehen oder auch unsere Ergebnisse ihnen zugänglich zu machen: so ergiebt sich schon von selbst, wie sehr wir uns jedes Anspruchs auf Allgemeingültigkeit entsagen müssen. |

3. Soll nun in unserm Saz der Ausdrukk Sprachkreis in seinem ganzen Umfang genommen werden, wie bereits gesagt ist: so wird dadurch die Frage ob unsere Anweisung sich für den kleinsten oder für den größten einrichten soll, im voraus abgewiesen, weil sie es für beide soll; und die Sache liegt in dieser Beziehung folgendermaßen. Denken wir uns eine solche Betrachtung über das Gebiet des reinen Denkens irgend in einem Einzelwesen entstehend: so wird sie auch, in sofern sie etwas neues ist, nothwendig einen eignen Sprachkreis bilden, und in diesen nach der ihr einwohnenden Kraft mehr oder weniger andere Einzelwesen hineinziehen. Zuerst nun und am leichtesten wird dies mit solchen gelingen, die eben erst in dieses Gebiet einzutreten vermögen; dann aber werden auch solche folgen, welche sich an anderen Betrachtungen dieser Art schon versucht, sie sich aber nicht vollkommen anzueignen vermocht haben. Wie stark nun diese Anziehung werden wird, das hängt von dem Willen des Urhebers nur insofern ab, als dieser Wille als der reine Ausdrukk jener Kraft anzusehen ist. Da sich aber die neue Betrachtung noch mit der gesammten übrigen Sprach und Denkgenossenschaft im Streit [findet], dessen Ausgang von den in der Umgebung vorhandenen Momenten abhängt: so kann der Urheber niemals bestimmen, wie weit sich seine Gedanken verbreiten werden; sondern indem sich seine Betrachtung auf diese Weise innerhalb der eignen Sprache und deren Verschiedenheiten und theilweise schon dafür anerkannten Verwirrungen erhält und fortentwikkelt, übt sie zugleich ihre Wirksamkeit in Bezug auf jenen größten Sprachkreis aus. Denn in dem ihr unmittelbar aufgegebenen Streit wird sie doch auch auf das am weitesten rükwärts liegende gemeinsame Sprachgebiet zurükgehen müssen, und dadurch was sie für jenen Umfang an Annäherungs und Ausgleichungsmitteln entwikkeln kann auch unfehlbar wirklich

zu Tage fördern. So daß dieser Theil der Gesammtaufgabe von jedem Punkt aus von selbst fortschreitet, und nur über einen zwiefachen Zustand dessen, der die Betrachtung anregt und beherrscht ist folgendes zu bemerken. Der Sprachkreis, den jeder sich selbst bildet, ist offenbar der Ausdrukk seiner Person d. h. seiner eigenthümlichen Art als Denkender zu sein. Je mehr er nun alles in diesen hineinzuziehen strebt, um desto mehr betrachtet er sein eigenthümliches als das Maaß und die Ordnung des Denkens überhaupt, oder auch umgekehrt, und dies ist das Zeichen eines beschränkteren Sinnes für das abweichende und ihm fremdere Denken. Je mehr hingegen ein solcher von der allgemeinen Freude an dem reinen Denken an sich ausgeht, um desto mehr wird er das gemeinsame in dem verschiedenen und das ausgleichende in dem streitigen aufsuchen und anerkennen mithin seine Richtung ursprünglich auf die verschiedenen Sprachkreise haben, und indem er fast nur um ihretwillen den eigenen ausbildet, wird er eher an einem Mangel an Anziehungskraft für diesen leiden, und sonach seine eigenthümliche Denkweise weniger geltend machen. Diese beiden Methoden, wenn wir sie so nennen dürfen, stehen einander gegenüber, und das Verhältniß, in welchem sie vorhanden sind, bestimmt den zeitlichen und örtlichen Gang der Entwiklung des reinen Denkens, bald so bald anders von jedem einzelnen fruchtbaren Keime aus.

3. Der Streit überhaupt sezt die Anerkennung der Selbigkeit eines Gegenstandes voraus, mithin überhaupt die Beziehung des Denkens auf das Sein.

1. Wenn wir den Streit voraussezend ein bestimmtes Verfahren begründen wollen um ihn aufzuheben: so müssen wir auch ein bestimmtes Ende desselben im Auge haben; dieses aber kann kein anderes sein, als daß, was vorher von mehreren verschieden gedacht wurde, nun von denselben soll einerlei gedacht werden. Denn wenn die Gesprächführung zwischen diesen mehreren das Ergebniß haben sollte, es müsse überall bei dem verschieden Denken bleiben: so hätte sie zu der skeptischen Ablehnung

geführt, und das Verfahren also sich selbst vernichtet. Aber auch in keinem einzelnen Fall kann ein solches Uebereinkommen darüber, daß der Streit nicht zu beendigen sei, auf unserm Gebiet als ein schließliches angesehen werden. Denn das streitige Denken würde alsdann aus dem Gebiet des reinen Denkens hinaus in das geschäftliche oder künstlerische verwiesen, indem das Wissenwollen aufgehoben wäre. Vielmehr soll das Denken noch ferner als ein reines gelten: so darf ein solches Abkommen nur als ein Vertagen bis auf günstigere Zeit getroffen werden. Als ein solches kann es vorkommen, vornähmlich wenn sich im Verlauf ergiebt, entweder daß der Streit nicht eher entschieden werden kann, bis ein anderer noch unentschiedener geschlichtet ist, oder daß ein Denkact zu Hülfe genommen werden muß, welcher zwar schon angeregt aber noch nicht vollzogen ist. Denn in beiden Fällen bleibt der Streit noch im Gang, und nur die unmittelbare Förderung desselben ist ausgesezt. Können wir nun kein anderes | Ende im Auge haben: warum soll denn nicht lieber verschieden gedacht werden, da doch überall gedacht werden soll, und wenn mehrere verschiedenes denken doch mehr gedacht wird als dasselbe? Offenbar wollen wir nur in dem Fall das verschieden Denken nicht, wenn wir glauben ein Denken sei nur eine scheinbare Vermehrung indem ein anderes dadurch aufgehoben würde.

2. Dieses Aufheben aber kann gar nicht vorkommen, wenn wir nicht über das Denken selbst hinausgehn auf ein anderes. Denn so wenig überall etwas aufgehoben wird, wenn ich A denke und ein anderer denkt B: eben so wenig auch, wenn ich A denke und ein anderer denkt nicht A. Dann nämlich denkt er entweder gar nicht, oder er denkt irgend ein B; ja es gälte auch gleich zu sagen, er denke Nicht-A, indem auch dieses nur irgend ein B ist, und es gar keinen Grund giebt das eine Denken dem andern entgegenzusezen. Wir wollen aber weiter gehend den Gedanken selbst A und das davon ausgesagte b, c, d p unterscheiden. So wenig als dann eine Hemmung entsteht, wenn der eine A als b denkt, und der andere A als

c: eben so wenig auch, wenn der eine A als b denkt und der andere denkt A als nicht b. Denn auch dieses ist so lange wir innerhalb des Denkens selbst bleiben nur ein verschiedenes Denken, indem das A des einen offenbar ein anderes ist, nämlich ein mit b verträgliches oder es in sich schließendes, das A des anderen aber schließt b aus. Unter diese Formeln aber müssen alle noch so verschiedenen Fälle eingestellt werden können; und weiter als zu der Unterscheidung des Hauptgedanken und der Aussage kommen wir nicht innerhalb des Denkens allein; mithin gäbe es auch unter dieser Bedingung keinen Streit, und unsere ganze Aufgabe hätte keinen Inhalt. Nun aber kennen wir Alle als eine schon von je bei uns vorgekommene Thatsache das mit dem Denken über das Denken hinausgehen und es auf ein anderes beziehen, welches wir das Sein nennen, und welches sich uns von unsern Denkacten unzertrennlich von Anfang an ergiebt als das von außen her zu unsern Affectionen mitwirkende, und von unserm Heraustreten nach außen leidende. Wie denn eben dieses die älteste Erklärung des Seienden ist, es sei das zugleich wirkende und leidende; indeß gehen wir hier gar nicht auf diese Erklärung zurükk als die uns hier nicht geworden ist, sondern wir bleiben nur bei jener bekannten Thatsache stehen, um dadurch den Streit zu erklären und das Gebiet desselben zu bestimmen, und uns bewußt zu werden, daß die Stellung unserer Aufgabe und die Anerkennung jener Thatsache wesentlich zusammengehören. Denn nehmen wir diese Beziehung des Denkens auf das Seiende weg: so giebt es keinen Streit, sondern so lange das Denken nur rein in sich bleibt, giebt es nur Verschiedenheit. Daher auch dieses in sich bleiben des Denkens der skeptischen Ablehnung zum Grunde liegt, und diese zunächst gegen die Beziehung des Denkens auf das Sein als auf ein anderes vielmehr das Sein mit in das Denken hineinzuziehen sucht. Sobald wir aber das Denken auf Sein als auf ein anderes, das nicht wieder Denken ist, beziehen: so sind alle Bedingungen des Streites gegeben. Denn der Streit erfordert ein selbiges für beide streitenden Theile, und nur in Bezug auf ein solches kann

gesagt werden, daß das verschiedene Denken in beiden nicht verträglich sei sondern sich aufhebe. Wie nun diese Unverträglichkeit ohne jene Beziehung nicht ist: so tritt sie sogleich ein mit derselben.
Denn zweie sind nur im Streit, sofern sie ihr Denken auf ein von beiden gemeinschaftlich als dasselbige geseztes[5] Sein beziehen, und insofern das Denken des einen das des andern aufhebt. Wie wir aber den Streit nur finden zwischen dem in einzelnen Acten zeitlich vertheilten Denken: so sezt er auch voraus, daß auf das Sein als ein getheiltes bezogen werde, so jedoch daß es für mehrere Acte dasselbige bleibe, weil sonst wieder das selbige aus zwei Acten verschwände und sie nicht mehr könnten streitig sein. Dieses vereinzelte Sein nun, insofern darauf verschiedenes Denken bezogen wird, bezeichnen wir durch den Ausdrukk Gegenstand. Und hieraus erst erklären sich die beiden oben angeführten Formen des Streits. Nämlich in der Formel Ab im Gegensaz zu A nicht b sezen beide denselben Theilungsact des Seins, wodurch nämlich im Sein überhaupt A wird und sind hierüber einig, das heißt sie sezen A seiend; sie streiten aber über b, jedoch nicht an sich, sondern in Bezug auf A, indem der eine sagt, im seienden A denke ich b, der andere, b kann ich nicht in das seiende A denken ohne daß dieses als solches aufhöre. Dieses ist das sich aufhebende Denken, welches Aufheben aber sogleich selbst wieder aufgehoben wird als wir | die Beziehung auf das Sein heraus nehmen. Die andere Formel, A ist, im Gegensaz zu der A ist nicht zeigt den weitesten Umfang des Streits. Denn indem hier der Denkinhalt A von dem einen entsprechend gesezt wird einem im Sein überhaupt abgetheilten, von dem andern aber nicht: so ist das streitige der Theilungsact selbst, und das als selbig von beiden vorausgesezte ist nur das Sein als zu theilendes, und die Beziehung des Denkens darauf. Das aufgehobene ist irgend eine oder auch jede bisher zwischen beiden selbig gewesene Theilung des Seins, und dies ist das maximum des Streites. Denn wollten wir wei-

[5] [H:] gesezte

ter greifend unter A nicht einzelnes sondern den gesammten reinen Denkgehalt verstehen: so würde dann der eine diesem die Beziehung auf das Sein zugestehen der andere aber absprechen, und beide hätten dann nichts mehr gemein worauf ein Streit könnte[6] bezogen werden; das heißt dies wäre nicht mehr ein Streit innerhalb unseres Gebietes, sondern ein Streit um unser Gebiet selbst, über welchen wir uns daher schon entschieden haben als wir in demselben, wenn auch nur als in dem Gebiet des Streites unsern Plaz ergriffen.

3. Folgt nun hieraus, daß Beziehung des Denkens auf das Sein die Bedingung alles Streites ist, und ist der Streit die eigenthümliche Form der eigentlichen Gesprächführung auf dem Gebiet des reinen Denkens, mithin die Voraussezung der Dialektik: so ist auch die Beziehung des Denkens auf das Sein Bedingung der Dialektik. So daß wir zu dem früheren (1, 2) hinzufügend sagen können, Denken gleichmäßig mit allen Denkenden auf Sein beziehen wollen, wissenwollen und im reinen Denken begriffen sein, dieses alles sei dasselbe, und das worauf allein die Aufgabe der Dialektik sich bezieht. Sehen wir nun von hieraus noch einmal zurükk auf unsere Zusammenstellung der verschiedenen Formen des Denkens: so ergiebt sich, daß wir in dem Ausdrukk Denken für sich allein die Beziehung auf das Sein entweder gar nicht oder nur als eine unbestimmte gesezt haben; und anders erscheint sie in dem reinen Denken, wo sie sich im Wissen verwirklicht mithin in einer Beschaffenheit des Denkens, anders in dem geschäftlichen, wo sie sich mittelst des Thuns also in einer Beschaffenheit des Seins verwirklicht. Ob nun in dem künstlerischen Denken auch aber auf eine von diesen beiden verschiedene Weise eine Beziehung auf das Sein stattfindet, oder ob sie dort überall nicht ist, diese Frage liegt außerhalb unserer Aufgabe, indem für uns diese Denkform schon durch die Unbestimmtheit dieses Punktes sich von den andern beiden hinreichend unterscheidet. So wie auch dieses noch dahin gestellt bleibt,

[6] [H:] könne

ob unsere drei Formen einander so streng entgegengesezt sind, daß, wo die eine sich zeigt, nichts von der andern sein kann, oder ob an jedem Denkmoment, welcher wesentlich der einen Form angehört, doch auch eine Betheiligung der andern möglich ist. Denn es genügt uns vorläufig festzustellen, daß wenn irgend in einem geschäftlichen oder künstlerischen Denken etwas zugleich dem reinen Denken angehört, auf dieses auch die Dialektik ihre Anwendung finden wird, so wie umgekehrt sofern an reinem Denken auch künstlerisches wäre oder geschäftliches, auf dieses nicht.

4. Das reine Denken hat in keinem denkenden Einzelwesen einen besonderen Anfang für sich, sondern es ist, ehe es zu einem gesonderten Dasein gelangt, in jedem Einzelnen schon in und an dem andern Denken vorhanden.

Wenn in dem zweiten von den hier verbundenen Säzen gradehin behauptet wird, was wir so eben nur als möglich vorbehalten haben: so liegt der Grund davon in dem ersten Saz, welcher daher auch vorzüglich erörtert werden muß; indeß wird auch die eigentliche Bedeutung des zweiten noch genauer auseinander zu sezen sein.

1. Gesezt also das reine Denken nähme seinen Anfang erst irgend | wann während die Denkthätigkeit überhaupt schon länger im Gange ist und gleichviel ob sie ursprünglich anfinge in einem oder gleichzeitig in mehreren Einzelwesen: so müßte immer in diesen vorher nur sei es nun viel oder wenig, aber nur geschäftliches oder künstlerisches Denken gewesen sein. Wenn aber auch wenig, soll doch nur irgend menschliches Verkehr auf diesen Gebieten bestanden haben, so ist auch beides schon gesprochenes Denken gewesen. Soll nun das reine Denken, welches doch auch, wenngleich vom Bilden anfangend, wesentlich immer gesprochenes sein muß, ursprünglich entstehen: so kann es doch nur zu Stande kommen entweder vermittelst derselben Sprachelemente, die auch auf dem geschäftlichen und künstlerischen Gebiete schon im Gange sind, oder vermittelst ganz anderer. Läßt sich also nachweisen, daß keiner von beiden Fällen statthaben

kann: so fällt damit auch die ganze Voraussezung über den Haufen, und es bleibt, wenn überhaupt reines Denken sein soll, nichts übrig als was wir bereits im zweiten Saz aufgestellt haben. Mithin müssen beide Fälle in dieser Beziehung geprüft werden. Nehmen wir nun zuerst an zu dem eben entstehenden reinen Denken müßten lauter neue Sprachelemente verwendet werden: so müßte es dann auch in der Folge immer nur in solchen Säzen und Reihefolgen von Säzen zu finden sein, welche ausschließend aus solchen Sprachelementen beständen, die erst von einer gewissen Zeit an um des Wissens willen wären gebildet worden. Und wir wollen hiebei nicht allein auf dem Ton bestehen, wie es bei neuen Zusammensezungen der Fall ist, denn ursprüngliche Wörter werden nicht gebildet, oder auch bei Uebertragungen von Wörtern aus anderen Sprachen. Sondern auch das wollen wir als neue Sprachelemente gelten lassen, wenn jemand hergebrachten Wörtern und Redensarten, wie dem an sich und für sich u. dergl. ganz neue Bedeutungen unterlegt. Nun giebt es dergleichen Elemente viele in jeder nur irgend wissenschaftliches enthaltenden Sprache; aber sie bilden nirgend ein ganz für sich abgeschlossenes und vollständiges Ganze, sondern erscheinen immer in den mannigfaltigsten Verbindungen mit solchen die auch im gemeinen Gebrauch vorkommen. Mithin kann auch das reine Denken nicht in ihnen allein enthalten sein. Indessen wollen wir auf diese, wiewol gewiß allgemein anzuerkennende Thatsache noch kein entscheidendes Gewicht legen sondern die Möglichkeit der Sache für den Augenblikk zugeben: so könnte sie auf zweierlei weise erfolgen. Entweder nämlich entsteht das reine Denken in und mit seiner eigenen Sprache gleichsam von selbst als eine naturgemäße innere Erschließung des Geistes, oder es ist gesucht worden und wird kunstmäßig gefunden. Dies zweite aber zeigt sich sogleich als unstatthaft. Denn das Suchen läßt sich auch nicht ungesprochen vorstellen, sondern innerlich wenigstens muß es gesprochen sein, weil jedes Wollen innerlich gesprochen wird. Und da das Suchen dem reinen Denken vorangehen soll: so müßte es sonach sich ausgesprochen haben in der gemeinen Sprache. Dann aber muß entweder das reine Denken überhaupt auflösbar sein in die gemeine Sprache, der Annahme gänzlich zuwider, oder das Suchen ginge uns verloren, weil keine Vergleichung möglich wäre zwischen dem gesuchten und dem was uns während des Suchens im Denken wird. Also ohne Suchen und Methode müßte das reine Denken gleichviel ob plötzlich oder allmählig als ein streng in sich abgeschlossenes entstehen. Aber ein gemeinsames könnte es auf diese Weise weder ursprünglich sein noch durch Mittheilung werden. Nicht durch Mittheilung werden, weil es Andern, in denen es nicht eben so ursprünglich entstanden wäre, nur könnte verständlich und beifällig gemacht werden vermittelst der gemeinen Sprache. Dieses aber würde gegen die Annahme streiten; denn könnte es in der gemeinen Sprache mitgetheilt werden: so müßte es in derselben auch haben ursprünglich entstehen können. Aber auch ursprünglich könnte es nicht als ein gemeinsames werden. Denn gesezt auch es entstände in mehreren gleichmäßig so gäbe es doch für diese, wenn sie nicht auch gegen die Annahme zur gemeinen Sprache ihre Zuflucht nehmen sollen, kein Mittel sich zu versichren ob sie auch wirklich dasselbe denken, oder ob ihre Töne zwar dieselben sind, der Sinn aber doch nicht. Was also übrig bliebe auf diesem Wege wäre nur, daß es in vielen | oder wenigen Einzelnen ein reines Denken gebe, abgesondert von allem anderen Denken, aber in jedem auch nur mit einer auf ihn allein beschränkten Gewißheit, also nicht mehr nach unsern obigen Bestimmungen als ein solches, das in allen Denkenden dasselbe sein und werden soll sondern das reine Denken wäre ein seiner Natur nach ganz isolirt persönliches, welches freilich jedem für sich könnte völlig gewiß sein; aber jede Zusammenstimmung mehrerer einzelnen in einem und demselben reinen Denken wäre nur eine zufällige. – Gehen wir nun zu dem andern Falle über, das reine Denken nämlich entstehe eben so ursprunglich und als ein besonderes für sich während das Denken überhaupt schon im Gange ist; aber doch in denselben Sprachelementen sich ausdrükkend: so ist leicht zu sehen, daß dieser zweite Fall sich doch auf den vorigen zurükzieht. Denn die geforderte Sonderung zwischen dem früheren Denken und dem reinen, so daß dieses als ein neues und anderes einen eignen Anfang nehme, kann doch unter dieser Bedingung nur bestehen, wenn wenigstens die Gebrauchsweise derselben Sprachelemente in dem neuen Denken eine gänzlich verschiedene ist von der bisherigen. Denn sonst könnte das reine Denken in seinen ursprünglichen Ausdrükken aus dem bisherigen Denken erklärt werden, mithin müßte es auch in und aus demselben haben entstehen können, und wäre dann nicht ein eigenes und abgesondertes für sich, sondern nur eine Fortsezung und weitere Entwiklung des früheren. Bildet also auch jemand eine Darstellung des reinen Denkens, wie es Wissen sein oder werden will, aus einer Mischung von neuen Sprachelementen und neu gebrauchten mit schon üblichen in ihrer gewohnten Gebrauchsweise, wie dieses mit jeder Terminologie eines philosophischen Systems der Fall ist: so entspricht auch ein solches Verfahren nicht der Voraussezung, daß dieses Wissen sich aus einem eignen Anfang mithin auch als ein in sich abgeschlossenes besondere entwikle. Kommen aber auch die schon in Uebung gewesenen Sprachelemente durchaus nur in neuer Gebrauchsweise vor: so sind sie auch nur äußerlicherweise dem Tone nach dieselben, mithin wird diese Selbigkeit etwas ganz zufälliges und bedeutungsloses, und der Fall geht gänzlich auf den ersten zurükk, daß das reine Denken als ein völlig abgesondertes auch nur in einer ihm gänzlich eignen Sprache erscheinen könne, welche Voraussezung aber, wie wir gesehen, sich selbst aufhebt.

2. So wie wir uns also zuerst von der skeptischen Denkungsart losgesagt haben: so müssen wir uns nun auf dieselbe Weise, wenn unser Unternehmen seinen Fortgang haben soll, auch von diesem gänzlichen Isoliren des reinen Denkens lossagen, und dürfen uns in unsrem weiteren Verfahren immer nur so auf dem zwischen diesen beiden Punkten liegenden Gebiet bewegen, daß wir außer Berührung mit denselben bleiben. Ueber die eigentliche Be-

deutung dieser lezten Lossagung haben wir uns nun noch näher zu erklären; es ist aber darin vorzüglich zweierlei enthalten. Zuvörderst, in sofern alle solche Gegensäze wie zwischen Erkenntniß und Vorstellung oder Wissen und Meinung, zwischen gemeinem Standpunkt und höherem Standpunkt zwischen Speculation und Empirie, und wie sie sonst noch ausgedrükt worden sein mögen, dahin gemeint sind, daß das eine Glied das übrige Denken insgesammt, das andere aber das reine Denken und eben dieses als ein so gänzlich von dem andern gesondertes und ihm schlechthin entgegengeseztes bezeichnen soll, welches gar nicht aus dem andern entwikkelt werden könne: so sagen wir uns von diesen Gegensäzen zunächst los, weil wir nach dem obigen keine Möglichkeit zu kunstmäßiger Gesprächführung sehen zwischen solchen, die jeder ganz außer der Sprache des anderen stehen. Denn zwischen solchen, in denen sich das Wissen zufälligerweise von selbst ganz auf gleiche Weise ausgedrükt hätte, würde eigentliche Gesprächführung schwerlich statt finden; denken wir uns aber entweder zwei wissende, in denen sich aber das reine Denken verschieden ausgedrükkt hat, oder einen wissenden und einen, in dem das reine Denken sich erst entwikkeln soll: so besteht nach obigem zwischen beiden keine Sprachgemeinschaft. | Wobei wir uns allerdings vorbehalten müssen in dem Gebiet des reinen Denkens, wie wir es im Zusammenhang mit dem übrigen sezen, dennoch untergeordnete Gegensäze nachzuweisen, und vielleicht auch sie mit ähnlichen Ausdrükken zu bezeichnen, wiewol dieselben sofern sie mehr bedeuten sollen abgewiesen worden sind. Zweitens aber sagen wir uns eben so von dem Verfahren aller derer los, welche, indem sie einen Inbegriff von Säzen aufstellen, der das wesentliche des Wissens so enthalten soll, daß das weitere sich daraus entwikkeln läßt, mögen sie ihn nun Wissenschaftslehre nennen oder Logik oder Metaphysik oder Naturphilosophie oder wie sonst immer[,] hiebei einen sogenannten Grundsaz an die Spize stellen, als denjenigen mit dem das Wissen nothwendig anfange, und der selbst schlechthin angenommen werden müsse, ohne schon in früher gedachtem enthalten gewesen zu sein oder daraus entwikkelt werden zu können. Denn alle diese befinden sich in demselben Fall, daß sie alles was von diesem Punkt ausgeht gänzlich und zwar als das reine Denken von allem übrigen isoliren, und ebenfalls so, daß das gemeinsam werden desselben nur als etwas zufälliges betrachtet werden kann, und lediglich davon abhängt ob andere bei den Ausdrükken jenes Sazes dasselbe denken, und ihn, so wie er mitgetheilt ist, als ihren eigenen nachbilden können. Sagen wir uns daher von der gänzlichen Isolirung des Wissens los, so können wir auch dieses Verfahren weder loben noch selbst nachahmen. Wir werden vielmehr behaupten müssen, daß solche Versuche sich mit gleichem Recht immer aufs neue wiederholen können, ohne daß die Lösung des Streites dadurch im geringsten weiter gedeiht, wenngleich jeder neue Versuch immer in der bestimmten Hofnung unternommen wird, daß er allem Streit ein Ende machen werde. Wenn wir nur erwägen, wie solche Anfänge entstehen, in solchen Einzelnen nämlich die mehr oder weniger von allen früheren Versuchen dieser Art angeregt sind, also als Producte alles früheren in ihre eigenthümliche Persönlichkeit: so muß einleuchten, daß, wenn die Aufgabe ungehemmt in Anregung bleibt, immer mehrere und mehr von einander verschiedene Anfänge in den so bearbeiteten Denkern keimen müssen. In demselben Maaß aber als sich die empfängliche Masse unter diese vertheilen kann, muß auch der Einfluß, den die Anziehungskraft eines Einzelnen auf seine Mitwelt ausüben kann, immer schwächer werden, so daß der spätere Meister bei ganz gleicher innerer Kraft sich doch nur einen kleineren Theil derer, die an der Sache theilnehmen, wird aneignen können als ein früherer vermochte. Bedenken wir nun noch, daß diese Anfänge, wenngleich aus dem tiefsten der Begeistung hervorgehend, doch ihrer Entstehungsart nach, da sie eigentlich um es herauszusagen Einfälle sind, sich ganz dem Gebiet des freien oder künstlerischen Denkens anschließen: so werden wir keinen großen Anstand nehmen dürfen zu erklären, daß die weiteren Entwiklungen solcher Anfänge so betrachtet einen hohen Werth haben können als Kunstwerke, demohnerachtet aber eher geeignet sind Uebergänge zu bezeichnen aus dem künstlerischen Denken in das reine oder wenn man will aus der Poesie in die Philosophie, als daß sie für Darstellungen des Wissens selbst gelten dürften. Wobei sie allerdings in vollkommen gutem Recht sein können gegen Versuche anderer Art, die sich ihnen gegenüberstellen, und die nur als Uebergänge aus dem geschäftlichen Denken in das reine anzusehen sind.

3. Was wir nun aber an die Stelle jener Isolirung des reinen Denkens sezen wollen und wie dies zu verstehen sei, daß es früher in den beiden andern Richtungen des Denkens mit enthalten ist als es allein aufzutreten vermag, das bleibt nun noch näher zu erklären. Wir gehen nämlich davon aus, daß die drei Richtungen des Denkens gleich ursprünglich sind, weil alle dreie dem Leben des Menschen wesentlich, daß sie sich aber erst allmählig bestimmt von einander scheiden, so jedoch, daß sobald wir je zwei derselben von einander unterscheiden können wir auch die dritte an ihnen und mit ihnen finden. In den ersten menschlichen Zuständen sind die Keime, daß ich so sage, zu diesen drei Richtungen so chaotisch in einander, daß uns eben deshalb diese Zustände in ihrer Verworrenheit noch an die Bewußtlosigkeit zu grenzen scheinen. Sobald aber die Empfindungs und Begehrungszustände einen begleitenden Ausdrukk gewinnen, der uns, gleichviel jezt ob mit Recht oder unrecht, nicht mehr als eine rein mechanische Rükwirkung erscheint: so sezen wir voraus daß diese Zustände vorgestellt werden, und dies schreiben wir dem geschäftlichen Denken zu, in sofern dieses die Verhaltnisse zwischen dem Einzelwesen und seinen Umgebungen insgesammt ausdrükkt, sowol wie sie sind als wie sie angestrebt werden. Gleichlaufend hiermit wo wir ein Träumen voraussezen unabhängig von mechanischer Wirkung eines innern Empfindungszustandes da würden wir die ersten Spuren der freien oder künstlerischen Richtung als ein inneres Bilden erkennen, wenn nur nicht der Traum als ein sich jedesmal von dem stetigen Verlauf des Denkens ausschließender Zustand

auch von unserer Betrachtung ausgeschlossen bleiben müßte. Sobald nun aber nachdem Schlaf und Wachen vollkommen auseinander getreten sind, auch im Wachen analoge Bilder und | Vorstellungen entstehen, und von jenen anderen, die auf festgehaltenen Sinneseindrükken beruhen, unterschieden werden, als nicht die Wirklichkeit des Seins zu ihrem Maaß habend: so sind diese in Wahrheit schon als das freie Bilden und Vorstellen gesezt, woraus sich weiterhin die Anfänge zu künstlerischen Hervorbringungen entwikkeln eben so wie in den anderen schon die Elemente des geschäftlichen Denkens gesezt sind. Diese Unterscheidung aber beruht lediglich darauf daß in den zulezt erwähnten immer zugleich schon Gegenstände fixirt werden; womit eben das freie Vorstellen nichts zu thun hat, vielmehr sich als eine Negation des Gegenstandsezens verhält und nie ein anderes als die vorstellende Thätigkeit selbst ankündigt. In dem Sezen der Gegenstände und des von außen Bestimmtseins aber ist schon eine Richtung auf das Wissen und auf das Bestimmen des Seins. Denn das eben beschriebene Interesse des Subjects hat es nur mit den Zuständen desselben zu thun wie sie durch die momentanen Veränderungen des außer ihm bestimmt werden. Daher wir zwar hernach, wenn wir dieses Interesse handhaben wol das Dasein der Gegenstände voraussezen können, aber diese Thatsache des Bewußtseins daß wir Gegenstände sezen kann nicht in ihm ihren Ursprung haben. Eben so, wenn sich in dem freien Vorstellen das Bestimmtsein von außen verneint, wird nicht zugleich mit verneint, daß es mit denselben allgemeinen Gestalten behaftet und darunter befaßt sei unter welchen auch Dinge gesezt werden; denn freie Bildungen, welche sich fern von diesem Gebiet halten, wie die verschiedenen Zusammensezungen von Mensch und Thier die geflügelten Menschengestalten und dergleichen, so wie auf der andern Seite was wir mit dem Namen der Arabeske zu bezeichnen gewohnt sind, reihen wir noch näher an die träumerischen Spiele an. Der wahre Gehalt dieser Sonderung aber ist offenbar der, daß in jenen Thätigkeiten das freie Bilden dem reinen Denken verwandt gesezt ist, in diesen aber nicht. Ist nun das reine Denken seinem Keime nach schon in dem Sezen von Gegenständen oder Dingen: so können wir es auch schon auf das Suchen derselben zurükführen, ich meine auf das willkührliche Umherschweifen des Auges, welches einestheils dem geschäftlichen Denken angehörig den Lichtreizen folgt, zugleich aber auch dem reinen angehörig das Seiende begehrt. Und eben so, ist das reine Denken schon in dem Unterscheiden fantastischer Bildungen des freien Vorstellens von den den bereits aufgenommenen Formen des Seins angemessenen freien Bildern: so ist es auch schon in dem auf dieselbe Weise zustandekommenden Festhalten der Wahrnehmung, welches auf der einen Seite dem freien Bilden angehörig diesem Elemente darbietet, auf der andern Seite aber von dem reinen Denken ausgehend sich zu den allgemeinen auf mannigfaltige Weise verschiebbaren Bildern steigert, welche wir auch Schemata nennen, und nach denen sich dann die einzelnen Wahrnehmungen gruppiren. In diesem Sinne behaupten wir, ohne durch das was hier nur beispielsweise angeführt worden ist, etwas für die Folge erschleichen zu wollen, daß die Richtung des reinen Denkens sich schon in jenen frühen ungesonderten Zuständen offenbart, zu einer Zeit wo sie in vereinzelter Selbständigkeit noch nicht heraustreten kann, weil sie dem eigentlichen d.h. dem sich aussprechenden Denken noch vorangehn. Denn die Selbständigkeit des reinen Denkens ist an den Besiz der Sprache gebunden; und wenn sie sich hier zuerst vielleicht auf ausgezeichnete Weise in dem Gebrauch solcher allgemeinen Benennungen zeigt, welche nicht nach den Beziehungen der Dinge zu dem Menschen sondern nach deren inneren Verhältnissen unter sich eingerichtet sind: so sind dieses doch nur Fortentwiklungen jener früheren Momente. Will man also diesen Punkt übergehend erst weiterhin irgend einen Act als den Anfang des reinen Denkens sezen: so wird sich immer nachweisen laßen, daß dieser selbst schon auf früherem ruht, worin das reine Denken auch schon gewesen ist. Wir können mithin dieses nur auffassen als eine ursprüngliche sich fortschreitend in allem Denken realisirende Richtung. Und wie dasselbe in seinem ganzen Verlauf immer zugleich für die beiden anderen ist, als welche sich immer nur an den Resultaten des reinen Denkens fortentwikkeln[,] so ist es auch von Anfang an eben so in ihnen gewesen, wie es auch ursprünglich für sich war. Wie denn auch auf der andern Seite, nur daß diese Beziehungen hier nicht aufzunehmen und weiter durchzuführen sind, schon aus dem gesagten geahndet werden muß, daß in jedem Act des reinen Denkens auch die beiden anderen Richtungen immer auf irgend eine Weise mitgesezt sind. Und wenn jezt nichts leichter ist als in dem entwikkelten Zustand des Bewußtseins an jeder Thätigkeit zu unterscheiden, was der einen und was der anderen Richtung des Denkens angehört: so tritt doch diese Bestimmtheit aus der Verworrenheit der frühesten Bewußtseinszustände nur so allmählig hervor, daß es nicht möglich ist zwei aneinander liegende Momente nachzuweisen, in deren erstem das reine Denken noch nicht gewesen, in dem andern aber schon sei, mithin können wir immer nur von der Annahme ausgehen, daß das Wissenwollen schon in den ersten Lebensthätigkeiten des Menschen immer mitgesezt ist, wenngleich nur als ein kleinstes, und daß es sich stetig fortentwikkelt, ohne sich, ohnerachtet aller Veränderungen die es durchgeht jemals so loszureißen daß irgend ein neuer Anfang alles frühere gleichsam ungeschehen machte und zerstörte. |

5. Eine Anleitung von jedem Punkt aus, auf welchem wir uns im reinen Denken finden, den Streit aufzulösen mithin das Wissenwollen seinem Ziel zuzuführen, kann nur mit dem Versuch beginnen, wie aus dem Gehalt jeder reinen Denkthätigkeit ein außer dem Streit liegendes Denken entwikkelt und gesondert werden kann.

1. Vor der näheren Erörterung dieses Sazes muß erst ein Bedenken aus dem Wege geräumt werden, wozu vielleicht das früher gesagte die Veranlassung geben kann. Man könnte nämlich sagen, die Dialektik, wie wir sie § 1 bestimmt haben, sei allerdings etwas sehr nüzliches, und auf

dem Gebiet des reinen Denkens in jedem einzelnen Falle, wenn ein Streit wirklich entsteht, wohl zu gebrauchen ja unentbehrlich; auch könne sie wol auf die hier gestellte Voraussezung zurükkgehen, und sie irgendwie zum Grunde legen, nur streitfreies Denken selbst zu entwikkeln, das dürfe nicht ihre Sache sein, indem diese Aufgabe innerhalb des Gebietes des reinen Denkens selbst liege, die Dialektik aber, je nachdem man es nehmen wolle, dem geschäftlichen oder dem künstlerischen Denken angehöre, welche beide wir selbst von dem reinen gesondert hätten. Denn auf der einen Seite sei es ein Geschäft den Streit zu schlichten, mithin müßten auch alle dabei anzuwendenden Regeln die Natur des geschäftlichen Denkens an sich tragen. Auf der anderen Seite könne man sagen, liege diesem Geschäft das Wohlgefallen an der zunehmenden Uebereinstimmung zum Grunde; sofern also die dialektischen Regeln allerdings auch aus dem Wesen dieses bestimmten Geschäftes zu nehmen wären, würden sie dem künstlerischen Denken anheimfallen. Denn die Schlichtung des Streites sei auch ein solcher momentaner Act, in welchem das Subject auf diese besondere Weise durch das Bewußtsein der wiederhergestellten Uebereinstimmung zeitlich erfüllt ist, und die dialektischen Regeln könnten gar wol, wie andere technische Säze, auf guten Beobachtungen darüber beruhen auf welchem Wege dieses Bewußtsein zu erreichen sei. Da aber nach § 3 das reine Denken in der Beziehung auf das Sein zunächst sein Wesen hat: so könne streitfreies Denken in diesem Sinn zu entwikkeln niemals das Geschäft der Dialektik sein, die es nur mit den Verhältnissen der im Act des Denkens begriffenen denkenden Subjecte zu einander zu thun hat. – Beides nun, sowol daß die Schlichtung des Streites als ein Geschäft betrachtet werden kann, als auch daß die dialektisch bewirkte Uebereinstimmung ein Wohlgefallen erregt, welches dem an Kunstwerken ähnlich ist, hat eine untergeordnete Wahrheit. Aber es liegt darin nur die besondere Anwendung dessen auf die Dialektik, was wir schon für alles reine Denken beiläufig zugegeben haben, daß nämlich in demselben die beiden andern

Richtungen immer zugleich mitgesezt sind. Denn denken wir uns eine Zusammenstellung von streitfreien reinen Denkthätigkeiten zu einem Ganzen: so wird auch diese ein solches Wohlgefallen erregen, ohne daß daraus gefolgert werden dürfte, daß diese Denkthätigkeiten ihrem Gehalt nach betrachtet keine Beziehung auf das Sein hätten. Eben so könnte man jede Ausfüllung eines vorher nur im allgemeinen gesezten Ortes im Wissen wie z. B. die ordnungsmäßige Zusammenstellung der verschiedenen Formen des irdischen Lebens um so den Begriff des Lebens auszufüllen als ein Geschäft ansehen. Mithin ließe sich auf dieselbe Weise jedes Verfahren im reinen Denken bei den andern beiden Formen unterstellen, woraus schon hervorgeht, daß die Einwendung zu viel beweiset; denn niemand, der nicht dem Skepticismus huldigt wird sich dadurch abhalten lassen, das reine Denken als eine dritte von jenen beiden verschiedene Richtung im Denken anzuerkennen. Wollen wir aber der Einwendung auch geradezu entgegentreten, um so der Dialektik ihren Ort im Gebiet des reinen Denkens und damit zugleich auch das Recht zu jenem Versuch [zu] sichern: so dürfen wir nur die Beschaffenheit des Geschäfts und der Verhältnisse der denkenden Einzelwesen, von denen hier die Rede sein kann, näher betrachten. Denn was das erste anlangt: so haben wir schon nachgewiesen, daß der Streit über das Denken nur geführt wird, sofern es auf das Sein bezogen werden soll. Muß also etwas in den dialektischen Regeln von dem Wesen des Geschäftes ausgehn: so muß eben dieses die Beziehung des Denkens auf das Sein betreffen. Die Abneigung dieses zuzugestehen und die Trennung dessen, was man im engern Sinn Logik nannte, von dem, was Metaphysik hieß, ist wesentlich eines und dasselbe. Die Logik in diesen Schranken folgerecht gehalten kann nur solche Regeln zum Verfahren im Denken hervorbringen, welche zu irgend welchem Inhalt desselben gar kein Verhältniß haben. Solche können dann nur die Form betreffen, und daher auch höchstens nur Mißverständnisse aufdekken, die auch von selbst leicht zum Vorschein kommen; sie sind aber so weit entfernt zur

Auflösung des eigentlichen Streites beizutragen, daß sie nicht einmal die Entstehung neuen Streitstoffes zu verhindern vermögen. Denn wenn der eine A mit b und der andere dasselbe A mit einem b ausschließenden c zusammendenkt, woraus nothwendig früher oder später Streit entstehen muß: so wird der Widerspruch nicht unmittelbar durch die Anwendung der logischen Regeln entdekkt, sondern erst wenn eine Veranlassung entsteht b und c auf einander zurükkzuführen. Daher versagen diese Regeln bei jedem ursprünglichen Zusammendenken ihren Dienst, und es | bleibt kein anderes Fortschreiten im Denken übrig als von solchen Anfängen die nicht nach diesen Regeln zu prüfen sind; das heißt wir müssen uns mit den willkührlichen Anfängen in allen Gebieten des Wissens begnügen. Denn wollte man die Forderung dahin erweitern, daß nur solche Aussagen Ab, Ac mit einander in Verbindung gebracht werden dürften in welchen das ausgesagte b und c unmittelbar auf einander zurükkgeführt werden könne: so hörten alle vermehrenden Fortschritte im Denken auf, und alles wäre nur Entwiklung eines willkührlich angefangenen und nicht zu prüfenden Denkens in und aus sich selbst oder mehrerer solcher unter sich nicht verbundener Denkacte, mithin bliebe jedes denkende Einzelwesen vollständig in seiner eigenen oder eines anderen, dem es sich angefügt hätte, Einzelheit befangen. Und auf diese Weise freilich könnte es dahin kommen, daß bei der Verschiedenheit mehrerer solcher ursprünglicher Grundgedanken die Wahl zwischen denselben eine Geschmakkssache würde, und das Wohlgefallen an der Uebereinstimmung ganz dem an einem Kunstwerk ähnlich würde, wie auch die Erfahrung es lehrt bei der Mehrheit philosophischer Schulen und von verschiedenen Grundannahmen ausgehenden Systeme[n] in andern Wissenschaften. Daher allerdings die beiden Theile der Einwendung unter sich zusammenhängen, aber nur an dem was daran falsch ist. Denn es verhält sich eben so, wenn wir den anderen Theil für sich betrachten. Fragen wir nämlich, von was für Verhältnissen der denkenden Einzelwesen die Rede sei bei der Gesprächführung im Gebiet des reinen Denkens: so sind es keinesweges solche, welche die Einzelheit derselben ausdrükken, vielmehr soll die Einwirkung von dieser im Gebiet des reinen Denkens so weit aufgehoben werden, daß sie sich nur in demjenigen zeigt, was der künstlerischen oder geschäftlichen Seite angehört. Denn beide haben und behalten ihren Antheil an den Zusammenstellungen des Gedachten, welche theils für bestimmte Zwekke können eingerichtet werden, theils auch ganz die Natur von Kunstwerken an sich tragen; die Dialektik hingegen hat es mit der Berichtigung des einzelnen streitig werdenden Denkens zu thun; und sofern sie an diesem ihr Werk vollbringt, wird die Verschiedenheit der Denkenden aufgehoben, indem das nach Auflösung des Streites in der Sprache festgewordene Denken nur die Selbigkeit des denkenden Seins in diesem Sprachkreise, und von da weiter, ausdrükkt. Mithin haben wir es hier auch gar nicht mit einem Erfülltsein des denkenden Einzelwesens als solchen in einem bestimmten Moment zu thun, indem das gewisse nothwendig auch ein unzeitliches wird, weil es in allen Momenten nur als dasselbe gesezt sein kann. Vielmehr ist das Wohlgefallen an jeder Uebereinstimmung im Gebiet des reinen Denkens nur die Freude an der Erscheinung der Selbigkeit des denkenden Seins, wobei dieses ob die Uebereinstimmung in Andern schon ist oder nicht gar nicht in Betracht kommt. Wogegen bei jeder Uebereinstimmung in Geschmakkssachen allemal das Bewußtsein, daß Andere anders empfinden eine das Gepräge der Subjectivität an sich tragende verbindende Kraft äußert. Uebersieht man diesen Unterschied: dann freilich kann man dahin kommen auch die Dialektik nur für einen bestimmten Geschmakk einrichten zu wollen, dessen besonderes Princip sie dann an ihrer Spize trägt als einen Saz, den immer nur Einige annehmen, während Andere ihm einen andern entgegenstellen. Von beiden Seiten der aufgestellten Einwendung aus kommen wir also dahin, daß unsere Aufgabe allen Einfluß der Besonderheit ausschließt, sowol wenn wir sie als Geschäft betrachten als auch wenn wir auf das der Lösung desselben anheftende Wohlgefallen sehen. Mithin bleibt die Dialektik von Anfang bis zu Ende in dem Gebiet des reinen Denkens, und kann aus diesem Moment gegen den Versuch womit sie anfangen muß, nichts eingewendet werden.

2. Aus dem gesagten folgt aber auch schon weiter, eben so wenig als sich das Wissen aus schlechthin neuen Anfängen entwikkeln kann, wie wir bereits gesehen, eben so wenig würden wir unser Ziel erreichen, wenn wir aus dem vorhandenen aber streitigen reinen Denken einzelne beliebige Säze als streitfreie herausheben und an die Spize stellen wollten, indem uns dieses nothwendig in das Gebiet der Besonderheit zurükführen müßte. Denn wollten wir hiezu eine Methode suchen, und ohne diese wäre das Verfahren nur ein Einfall, d. h. das allerbesonderste: so werden wir zuerst doch feststellen, daß keiner einen Saz hiezu wählen wird der ihm selbst schon streitig geworden wäre oder auch den er im Zusammenhang mit streitigem Denken wüßte. Aber da auch ein anderer Anknüpfungspunkt sich nicht denken läßt so folgt schon selbst, daß jede hieraus hervorgehende Wahl mit der besondern Denkgeschichte des wählenden zusammenhängen muß

ANMERKUNGEN DES HERAUSGEBERS

Die folgenden Anmerkungen stellen keinen Kommentar dar, sondern beschränken sich in der Regel auf den Nachweis ausdrücklicher Zitate und Bezugnahmen; Anspielungen und indirekte Zitate werden nur nachgewiesen, wenn der Sachverhalt eng begrenzt und seine Erläuterung für das Verständnis des Textes unentbehrlich ist.

Anmerkungen zur Dialektik 1814/15

Zu 23. Schleiermacher spielt hier auf J. G. Fichte an, der beansprucht hatte, erstmals die „sogenannte" Philosophie in Wissenschaft, und zwar in die Wissenschaft einer Wissenschaft überführt zu haben. Vgl. Fichtes Schrift „Über den Begriff der Wissenschaftslehre oder der sogenannten Philosophie" (1794); Akad. Ausg. I, 2, S. 93ff.

Zu 34–42. Schleiermacher skizziert hier die Geschichte der Philosophie gemäß seinen Vorlesungen über diesen Gegenstand; diese Vorlesungen wurden von Heinrich Ritter aufgrund eines Schleiermacherschen Heftes von 1812 aus dem Nachlaß herausgegeben (SW 3,4,1,). Charakteristisch ist die Periodisierung in die „Geschichte der alten Philosophie" einerseits und die „Geschichte der neuern Philosophie" als Geschichte der *christlichen* Philosophie andererseits.

Über die „alte Philosophie" heißt es zusammenfassend, sie kehre an ihrem Endpunkt „zu einer corrumpirten Mythologie selbst gemacht" zurück, „wie anfang aus der ursprünglichen natürlichen Mythologie sich die Philosophie entwikkelt hatte. Diese Entwikkelung nun bildet den Anfangspunkt, der allmählige Uebergang läßt sich nachweisen [ ] Die Form der philosophischen Darstellung ist die starrste, gedrängteste Prosa; diese bildet sich allmählig aus der epischen und melischen Poesie. Das mythische Verfahren überhaupt ist die Thätigkeit der Vernunft selbst, nur der mit den Dingen noch nicht befreundeten, von der Wahrnehmung noch nicht genug unterstützten, also willkührlich verfahrenden. Sie ist Vorpoesie, denn sie hat doch nur die kindlichsten Formen und den niedrigsten Charakter der Kunst, aber so ist sie Vorgeschichte und Vorphilosophie, physische sowol als ethische. In der Idee des Schikksals ist die Dialektik gebunden. Ueberall also in der Form der Fantasie das allgemeine und das besondere Element der Erkenntniß gebunden und nicht genug auseinander tretend, so daß wir also hier jenes lebendige Verhältniß von seiner Entstehung bis zu seiner Auflösung verfolgen können.

Zwischen beide Endpunkte muß aber nothwendig ein Mittelpunkt fallen, worin die Philosophie am lebendigsten ist. Diesen zeigt uns die Geschichte in der sokratischen Periode. Das Grundfactum ist die Eintheilung in Logik, Physik und Ethik, welche ein Auffassen des ganzen Umfanges des Gebietes der Erkenntniß und einen entwikkelten Sinn für die wissenschaftliche Behandlung verräth. Nämlich Physik und Ethik stellen die reale Seite vor. Das höhere Leben ist nichts anders, als das Sein der Dinge im Menschen und das Sein des Menschen in den Dingen. Das Wissen um dieses Leben ist die Erkenntniß. Das Wissen um jenes Element Physik, das Wissen um dieses Ethik. Die Dialektik repräsentirt das allgemeine Element; eigentlich nur die negative Seite polemisch gegen die niedere Reflexion, die vom Auseinandersein der Dinge ausgeht. Die positive Seite behält immer die mythologische Form." (SW 3,4,1, S. 17f.).

Die neue, christliche Philosophie „hat im Mittelalter die größte Masse den Forschungen nach der Gottheit gewidmet, freilich immer mit der Tendenz die Ableitung des endlichen aus der Gottheit zu erklären, weil es sonst keine Philosophie geblieben wäre; aber hiemit ist sie nie ins einzelne gegangen. Auch sind die realen Wissenschaften nicht aus der Philosophie hervorgegangen, zumal die Physik. Ja man hat eine genaue Beschäftigung mit den Dingen oft für antiphilosophisch, für Magie, gehalten." (SW 3,4,1, S. 146f.). So bildete sich das reale Wissen für sich und wurde schließlich, in der nachscholastischen Periode, zum *Objekt* der Philosophie, die in dieser Periode in zwei Reihen zerfällt: „Die eine, welche vom transcendenten anfängt und damit in die realen Wissenschaften hinein zu gehen strebt, und die andre, welche vom gegebenen anfängt und damit im Aufsteigungsprozeß bis zum absoluten durchzudringen strebt. Wo dieses Streben nicht ist, da ist nun auf der einen Seite bloße Empirie, auf der andern Mysticismus, bloßes Brüten über dem transcendentalen, in welchem die Form der Wissenschaft, die objective Anschauung je länger je mehr verloren geht, aber doch die Prätension auf diese Form bleibt." (SW 3,4,1, S. 231).

Zu 43. Zur Unterscheidung konstitutiver und regulativer Prinzipien bei Kant vgl. die Vorrede der zweiten Auflage (1793) der *Kritik der Urteilskraft* (S. IIIff.): „Man kann das Vermögen der Erkenntnis aus Prinzipien a priori die reine Vernunft, und die Untersuchung der Möglichkeit und Grenzen derselben überhaupt die Kritik der reinen Vernunft nennen [...]. Jene geht alsdann bloß auf unser

Vermögen, Dinge a priori zu erkennen; und beschäftigt sich also nur mit dem Erkenntnisvermögen [...]; und unter den Erkenntnisvermögen mit dem Verstande nach seinen Prinzipien a priori [...], weil es sich in dem Fortgange findet, daß kein anderes Erkenntnisvermögen, als der Verstand, konstitutive Erkenntnisprinzipien a priori an die Hand geben kann. Die Kritik also [...] läßt nichts übrig, als was der Verstand a priori als Gesetz für die Natur, als den Inbegriff von Erscheinungen (deren Form eben sowohl a priori gegeben ist), vorschreibt; verweiset aber alle andere reine Begriffe unter die Ideen, die für unser theoretisches Erkenntnisvermögen überschwenglich, dabei aber doch nicht etwa unnütz oder entbehrlich sind, sondern als regulative Prinzipien dienen: teils die besorglichen Anmaßungen des Verstandes, als ob er (indem er a priori die Bedingungen der Möglichkeit aller Dinge, die er erkennen kann, anzugeben vermag) dadurch auch die Möglichkeit aller Dinge überhaupt in diesen Grenzen beschlossen habe, zurück zu halten, teils um ihn selbst in der Betrachtung der Natur nach einem Prinzip der Vollständigkeit, wiewohl er sie nie erreichen kann, zu leiten, und dadurch die Endabsicht alles Erkenntnisses zu befördern."

Zu 45. Zu Schleiermachers Auffassung des antiken Dialektik-Begriffs vgl. seine Vorlesungen zur „Geschichte der Philosophie" (Hg. H. Ritter, SW 3,4,1, S. 98f.): „Die Dialektik knüpft sich unmittelbar an die Sophistik an. Denn dieser Corruption konnte nur dadurch begegnet werden, daß der vorige dialektische Instinct zum Bewußtsein erhöht wurde. In der Antilogik ist offenbar Eine Verknüpfung falsch. Um die Falschheit zu entdekken, muß man im Besiz der wahren combinatorischen Kunst sein. Diese nannte Platon Dialektik, weil Denken und Reden die alten nicht trennen konnten und noch jeder Disput lebendiges Gespräch war. Er theilt sie in zwei Theile, Zu wissen, was verknüpft werden kann und nicht, und Zu wissen, wie getheilt oder zusammengefaßt werden kann."

Die Dialektik führt, Schleiermacher zufolge, auf die Einheit der Gegensätze als eine absolute Einheit. „Auf diese Weise nun ist nicht nur seine Dialektik als formale Seite der Spiegel der realen sowol physischen als ethischen, sondern auch das heuristische Princip der absoluten Einheit oder der Idee der Gottheit, die er in physischen und ethischen Darstellungen immer nur voraussezt, hier aber erwekkt." (ebd., S. 103). In dieser Einheit als Idee ist das „wahre reale Sein" (104; – ὄντως ὄν) mit dem Guten (ἀγαθόν) verbunden; ersteres führt auf das Mannigfaltige, Werdende in der Physik; letzteres auf das Gebiet der Ethik.

Zu 47. Vgl. Anm. zu 23.

Zu 155,3. Schleiermacher bezieht sich auf den vierten Abschnitt der *Einleitung* zur *Kritik der reinen Vernunft* (B, S. 10f.): „In allen Urteilen, worinnen das Verhältnis eines Subjekts zum Prädikat gedacht wird [. . .], ist dieses Verhältnis auf zweierlei Art möglich. Entweder das Prädikat B gehört zum Subjekt A als etwas, was in diesem Begriffe A (versteckter Weise) enthalten ist; oder B liegt ganz außer dem Begriff A, ob es zwar mit demselben in Verknüpfung steht. Im ersten Fall nenne ich das Urteil analytisch, in dem andern synthetisch. Analytische Urteile (die bejahende) sind also diejenige, in welchen die Verknüpfung des Prädikats mit dem Subjekt durch Identität, diejenige aber, in denen diese Verknüpfung ohne Identität gedacht wird, sollen synthetische Urteile heißen."

Zu 168,2. Schleiermacher bezieht sich auf die platonische Unterscheidung von ἐπιστήμη (Wissen) und δόξα (Meinen) als zwei Erkenntnisweisen, denen zwei Seinsweisen entsprechen: das Wissen als Begreifen der (unwandelbaren) Idee und die Erkenntnis des (veränderlichen) sinnlich Wahrnehmbaren; vgl. dazu bes. Platon, Politeia 475e–480a. Die Begriffe ἐπιστήμη und ὀρθὴ δόξα übersetzt Schleiermacher mit „Erkenntnis" und „richtige Vorstellung" (vgl. Platon, Theaitetos 202d; Platons Werke von F. Schleiermacher. Teil 2, Bd. 1. Berlin 1805, S. 305).

Zu 170,2. Mit der gewöhnlichen Deduktion des Idealismus und Realismus meint Schleiermacher wohl Kants Ausführungen im vierten Paralogismus der reinen Vernunft in der ersten Auflage (1781) der *Kritik der reinen Vernunft* (Transzendentale Dialektik, 2. Buch, 1. Hauptstück): „Ehe ich nun unseren Paralogismus seinem trüglichen Scheine nach darstelle, muß ich zuvor bemerken, daß man notwendig einen zweifachen Idealism unterscheiden müsse, den transzendentalen und den empirischen. Ich verstehe aber unter dem transzendentalen Idealism aller Erscheinungen den Lehrbegriff, nach welchem wir sie insgesamt als bloße Vorstellungen, und nicht als Dinge an sich selbst, ansehen, und dem gemäß Zeit und Raum nur sinnliche Formen unserer Anschauung, nicht aber vor sich gegebene Bestimmungen, oder Bedingungen der Objekte, als Dinge an sich selbst sind. Diesem Idealism ist ein transzendentaler Realism entgegengesetzt, der Zeit und Raum als etwas an sich (unabhängig von unserer Sinnlichkeit) Gegebenes ansieht. Der transzendentale Realist stellet sich also äußere Erscheinungen (wenn man ihre Wirklichkeit einräumt) als Dinge an sich selbst vor, die unabhängig von uns und unserer Sinnlichkeit existieren, also auch nach reinen Verstandesbegriffen außer uns wären. Dieser transzendentale Realist ist es eigentlich, welcher nachher den empirischen Idealisten spielt, und nachdem er fälschlich von Gegenständen der Sinne vorausgesetzt hat, daß, wenn sie äußere sein sollen, sie an sich selbst auch ohne Sinne ihre Existenz haben müßten, in diesem Gesichtspunkte alle unsere Vorstellungen der Sinne unzureichend findet, die Wirklichkeit derselben gewiß zu machen.

Der transzendentale Idealist kann hingegen ein empirischer Realist, mithin, wenn man ihn nennt, ein Dualist sein, d.i. die Existenz der Materie einräumen, ohne aus dem bloßen Selbstbewußtsein hinauszugehen, und etwas mehr, als die Gewißheit der Vorstellungen in mir, mithin das cogito, ergo sum, anzunehmen."

Abweichend vom Kantischen Sprachgebrauch lehnt sich Schleiermachers Deduktion an den rein erkenntnistheoretischen Gebrauch der Begriffe „Idealismus" und „Realismus" an, wie er in der Auseinandersetzung mit Berkeleys Idealismus im 18. Jahrhundert vorherrschte. Als Quelle kommt namentlich Friedrich Heinrich Jacobis Werk *David Hume über den Glauben oder Idealismus und Realismus. Ein Gespräch* (1787) in Betracht, worin dieser das Gebiet der Vernunfterkenntnis von den Verhältnissen auf das des wirklichen Daseins an sich der Dinge und Eigenschaften außerhalb des Vorstellens erweitert; letzteres ist der Realismus. Vgl. Jacobis Vorrede zu dieser Schrift und Schleiermachers Exzerpt (KGA 1,1, S. 595f.).

Zu 176,4. Die Lehre von den angeborenen Begriffen geht in der neueren Philosophie auf Descartes zurück; vgl. *Meditationes de prima philosophia*, Meditatio III, 7: „Ex his autem ideis aliae innatae, aliae adventitiae, aliae a me ipso factae mihi videntur: nam quod intelligam quid sit res, quid sit veritas, quid sit cogitatio, haec non aliunde habere videor quam ab ipsamet mea natura".

Zu 177,3. Zur Bestimmung des Lernens als Erinnerung (Anamnesis) bei Platon vgl. z.B. Phädrus 72e, 92d und Menon 81d.

Zu 180b. Zu Schleiermachers Interpretation des Verhältnisses von *εἶδος*, *ἰδέα* und *γένος* vgl. seine Vorlesungen zur „Geschichte der Philosophie" (Hg. H. Ritter, SW 3,4,1, S. 103f.): „Wie nun die Dialektik überall auf die Physik hinführt: so muß man auch, um die Physik richtig zu verstehen, bei der Dialektik anfangen, und zwar bei der Ideenlehre, daß nämlich die Einheit des Begriffs zugleich das wahre reale Sein ist zu der Vielheit der Dinge, das urbildliche zu dem abbildlichen. Dieses selbige, in der ersten Beziehung mehr *εἶδος*, in der letzten mehr *ἰδέα* genannt, ist nun eben in dieser die productive Kraft der Natur als solche, das παράδειγμα für die Bildung der werdenden Erscheinungen und physisch das wahre ὄν".

Zu 183,5. Vgl. Spinoza Ethik I, Def. VI: „Per Deum intelligo ens absolute infinitum, hoc est, substantiam constantem infinitis attributis, quorum unumquodque aeternam, et infinitam essentiam exprimit." – Vgl. auch Schleiermachers frühe Auseinandersetzung mit Spinozas Gottesbegriff (anhand von F. H. Jacobi: Über die Lehre des Spinoza in Briefen an den Herrn Moses Mendelssohn, Breslau ^{2}1789) in seinem Manuskript *Kurze Darstellung des Spinozistischen Systems* (1793/94); abgedruckt KGA 1,1, S. 560ff.

Zu 186,1. Zu Leibniz' principium identitatis indiscernibilium vgl. z.B. dessen *Monadologie*, § 9 (Philosophische Schriften. Hg. u. übers. H.-H. Holz. Bd. 1. Darmstadt 1965, S. 443): „Jede Monade muß sogar von jeder anderen verschieden sein. Denn es gibt niemals in der Natur zwei Seiende die einander vollkommen gleich wären und bei denen es nicht möglich wäre, einen inneren oder auf einer inneren Bestimmung (denominatio intrinsica) beruhenden Unterschied zu finden." – Zu Schleiermachers früher Rezeption dieses Leibnizischen Theorems vgl. den Brief an Brinckmann vom 3.2.1790 (KGA 5,1, S. 192) sowie das Heft *Leibniz I* (1797/98), KGA 1,2, S. 77ff.

Zu 187,1. Mit der „gewöhnlichen Metaphysik" spielt Schleiermacher auf die Bestimmung des Verhältnisses von Kraft und Erscheinung in der Leibnizischen Philosophie an. Leibniz hatte als Grund der Phänomene die als Entelechie oder strebende Kraft gefaßte Monade bezeichnet. Zur Auseinandersetzung mit dieser Auffassung bei Kant vgl. *Kritik der reinen Vernunft*, B 321f.; zu deren Rezeption durch Schleiermacher vgl. die Angaben zu 186,1.

Zu 188,1. Die Bezeichnung Gottes als „ens summum, universalissimum" spielt auf den scholastischen Gottesbegriff an, wie er etwa von Anselm von Canterbury in dessen *Monologium* und Thomas von Aquin in dessen *Summa contra gentiles* entwickelt wurde. Zu Schleiermachers Auseinandersetzung mit dem scholastischen Gottesbegriff in den Vorlesungen über die *Geschichte der Philosophie* vgl. SW 3,4,1, S. 184ff.

Zu 196,2. Vgl. Schleiermachers Vorlesungen zur *Geschichte der Philosophie* (Hg. H. Ritter, SW 3,4,1, S. 104): „Aristoteles sagt, der herakleitische Fluß habe den Platon auf die Ideenlehre gebracht, weil dann, wenn Erkenntniß sein solle, außer dem werdenden noch anderes sein müsse, und freilich sind diese Einheiten der bestimmten Productivität das beharrliche, was Herakleitos nicht gesehen hat. Allein man könnte eben so gut sagen, die Homöomerien des Anaxagoras hätten ihn darauf gebracht. Denn wenn die bestimmten Formen des Seins, die dieser annahm, in der Erscheinung, dem *πάντα ὁμοῦ*, nicht rein vorkommen: so müssen sie ihr Sein anderwärts haben, nämlich in dem sie auffindenden Verstande. Von dieser Seite aus ist die ideale, von jener die reale Seite der Idee gekommen, und durch Identificirung beider wäre nun Platon die höhere Combination zwischen Herakleitos und Anaxagoras. Darum ist er auch von ihrer Einseitigkeit frei. Denn die Activitäten, die Prädicate, sind eben sowol ein *καθ' αὑτό*, und es giebt eben so gut eine Idee zu ihnen, als zu den Subjecten. Wie nun in dem Urbildlichen Sein und Erkennen dasselbe, und eben diese Selbigkeit sein Wesen ist: so ist auch die Grundanschauung des abbildlichen das Einssein des geistigen und des materiellen in der Form des Lebens, wo der *νοῦς* als Seele die geistige, die Materie als Leib die reale Seite ist. Von dem Verhältniß aber dieses Werdens zu dem Sein kann in dem factischen Bewußtsein keine reine Erkenntniß vorkommen, sondern nur eine wahrscheinliche Rede, weil nämlich die mittheilbare Erkenntniß selbst in der Form des werdenden befangen ist."

Zu 214,4. Unter Glückseligkeit versteht Kant „die Befriedigung aller unserer Neigungen (so wohl extensive, der Mannigfaltigkeit derselben, als intensive, dem Grade, und auch protensive, der Dauer nach)" (*Kritik der reinen Vernunft*, B 834). Als „Inbegriff aller durch die Natur und außer und in dem Menschen möglichen Zwecke desselben" (*Kritik der Urteilskraft*, § 83) ist sie aber nur Beweggrund der Klugheitsregel, nicht des Sittengesetzes. Deren Motiv ist die „Würdigkeit, glücklich zu sein" (KrV, B 834): „Die Sittlichkeit an sich selbst macht ein System aus, aber nicht die Glückseligkeit, so fern sie der Moralität genau angemessen ausgeteilet ist. Dieses aber ist nur möglich in der intelligibelen Welt, unter einem weisen Urheber und Regierer. Einen solchen, samt dem Leben in einer solchen Welt [. . .] sieht sich die Vernunft genötigt anzunehmen, oder die moralischen Gesetze als leere Hirngespinste anzusehen" (KrV, B 839). – Mit diesen Auffassungen Kants hatte sich Schleiermacher bereits in seiner Hallenser Studienzeit kritisch auseinandergesetzt, vgl. dazu die 1789 entstandene Abhandlung *Über das höchste Gut* (KGA 1,1, S. 83 bis 125).

Zu 216,7. Schleiermacher bezieht sich auf das von Kant in vier Antinomien der reinen Vernunft zusammengefaßte dialektische Spiel der kosmologischen Ideen (vgl. *Kritik der reinen Vernunft*, Transzendentale Dialektik, 2. Buch, 2. Hauptstück, 2. Abschnitt) und hier vor allem auf die vierte Antinomie: „Zu der Welt gehört etwas, das, entweder als ihr Teil, oder ihre Ursache, ein schlechthin notwendiges Wesen ist.“ „Es existiert überall kein schlechthinnotwendiges Wesen, weder in der Welt, noch außer der Welt, als ihre Ursache.“

Zu 216,8. Zur Vorstellung Gottes als natura naturans vgl. Spinoza, Ethik I, Proposito XXIX, Scholium: „Nam ex antecedentibus jam constare existimo, nempe, quod per Naturam naturantem nobis intelligendum est id, quod in se est, et per se concipitur, sive talia substantiae attributa, quae aeternam, et infinitam essentiam exprimunt, hoc est, [. . .] Deus, quaetenus, ut causa libera, consideratur.“ – Vgl. dazu die Ausführungen in Schleiermachers Vorlesungen über die Geschichte der Philosophie (Hg. H. Ritter, SW 3,4,1, S. 277f.): „Da nun die einzelnen Dinge nur durch Bewegung und Ruhe verschieden sind und die einzelnen Seelen nur durch Verstand und Willen: so treten diese dazwischen als modi, welche nur an und in den einzelnen Dingen sind, aber durch welche sich allein die unendliche Ausdehnung und der unendliche Gedanke offenbaren. Diese modi sind die natura naturata als Inbegriff der Dinge, jene Attribute sind die natura naturans als das sich in diese modos zerspaltende und die Dinge aus sich erzeugende. Gott ist beides und keins von beiden. Von hieraus nun läßt sich über den Atheismus des Spinoza entscheiden. Gott als Einheit rein für sich behandelt wird mythisch, die Welt als Totalität rein für sich behandelt zerfließt in die unendliche Mannigfaltigkeit und wird skeptisch. Die vereinigte Betrachtung läßt immer etwas zu wünschen übrig, also ist Neigung zu einem überall. In der cartesianischen Schule ist Versenken des transcendenten in das reale. Malebranche stellt Gott als beides dar und dies ist seine einzige Betrachtung wiewol er sagt, das Wesen Gottes sei verborgen. Spinoza sagt bestimmt, jene Betrachtung sei schon Welt, natura naturans, Gott von Seiten seiner Causalität betrachtet. Deus an sich, wiewol sein Sein und seine Causalität auch nicht wesentlich zu unterscheiden sind, ist doch nicht beides, so daß er auch Eins von beiden ist. Zur Betrachtung der Einheit in sich war auch Spinoza durch seine Abneigung gegen das mythische und durch das unpoetische, was durch seine Klarheit hindurch geht, nicht geeignet. Daher auch sein Mangel an Bedürfniß einer positiven Religion. Aber es ist unbegreiflich, wie man bei der nahen Verwandschaft zwischen Malebranche und Spinoza jenen für fromm und diesen für einen Atheisten halten kann.“ – Zur Vorstellung Gottes als bewußtes, absolutes Ich vgl. F.W.J. Schelling: Vom Ich als Prinzip der Philosophie oder über das Unbedingte im menschlichen Wissen (1795, [2]1809; Sämmtliche Werke 1,1. Stuttgart/Augsburg 1856, S. 201): „Gott in theoretischer Bedeutung ist Ich = Nicht-Ich, in praktischer a b s o l u t e s Ich, das alles Nicht-Ich zernichtet.“

Zu 225. Zu der Auffassung, daß das endliche Sein der Abfall von Gott wäre, vgl. F.W.J. Schelling: *Philosophie und Religion* (1804). In: Sämmtliche Werke 1,6. Stuttgart/Augsburg 1860, S. 38: „Das Absolute ist das einzige Reale, die endlichen Dinge dagegen sind nicht real; ihr Grund kann daher nicht in einer M i t t h e i l u n g von Realität an sie oder an ihr Substrat, welche Mittheilung vom Absoluten ausgegangen wäre, er kann nur in einer E n t f e r n u n g, in einem A b f a l l von dem Absoluten liegen.“

Zu 228. Schleiermacher bezieht sich auf eine herkömmliche Einteilung der Metaphysik, die in dieser Weise zuerst von Christian Wolff gebraucht wurde (*Discursus praeliminaris de philosophia in genere*, 1728, § 79) und in der Hallischen Schulphilosophie zur Zeit Kants geläufig war; vgl. z.B. A. G. Baumgarten: Metaphysik. Halle [7]1779, § 1: „Ad metaphysicam referuntur ontologia, cosmologia, psychologia, et theologia naturalis.“ – Schleiermacher hatte diese Auffassungen während seiner Hallischen Studentenzeit (1787–1789) über seinen Lehrer J. A. Eberhard kennengelernt, der die Metaphysik nach Baumgarten las; vgl. auch J. A. Eberhard: Kurzer Abriß der Metaphysik. Halle 1794.

Zu 229. Zum bloß regulativen Charakter der Ideen vgl. Kants Vorrede zur zweiten Auflage (1793) der *Kritik der Urteilskraft*, wo es (S. IIIf.) heißt, daß die Ideen, „für unser theoretisches Erkenntnisvermögen überschwenglich, dabei aber doch nicht etwa unnütz oder entbehrlich sind, sondern als regulative Prinzipien dienen: teils die besorglichen Anmaßungen des Verstandes [...] zurück zu halten, teils um ihn selbst in der Betrachtung der Natur nach einem Prinzip der Vollständigkeit [...] zu leiten“. Zur Idee Gottes im Zusammenhang mit den Ideen der Freiheit und Unsterblichkeit bei Kant vgl. *Kritik der praktischen Vernunft*, Vorrede, S. 5ff.: „Freiheit ist aber auch die einzige unter allen Ideen der spek. Vernunft, wovon wir die Möglichkeit a priori w i s s e n, ohne sie doch einzusehen, weil sie die Bedingung des moralischen Gesetzes ist, welches wir wissen. Die Ideen von G o t t und U n s t e r b l i c h k e i t sind aber nicht Bedingungen des moralischen Gesetzes, sondern nur Bedingungen des notwendigen Objekts eines durch dieses Gesetz bestimmten Willens, d.i. des bloß praktischen Gebrauchs unserer reinen Vernunft; also können wir von jenen Ideen auch, ich will nicht bloß sagen, nicht die Wirklichkeit, sondern auch nicht einmal die Möglichkeit zu erkennen und einzusehen behaupten. Gleichwohl aber sind sie die Bedingungen der Anwendung des moralisch bestimmten Willens auf sein ihm a priori gegebenes Objekt (das höchste Gut). Folglich kann und muß ihre Möglichkeit in dieser praktischen Beziehung angenommen werden, ohne sie doch theoretisch zu erkennen und einzusehen. Für die letztere Foderung ist in praktischer Absicht genug, daß sie keine innere Unmöglichkeit (Widerspruch) enthalten. Hier ist nun ein, in Vergleichung mit der spekulativen Vernunft, bloß subjektiver Grund des Fürwahrhaltens, der doch einer eben so reinen, aber praktischen Vernunft objektiv gültig ist, dadurch den Ideen von Gott und Unsterblichkeit vermittelst des Begriffs der Freiheit objektive Realität und Befugnis, ja subjektive Notwendigkeit (Bedürfnis der reinen Vernunft) sie anzunehmen verschafft wird, ohne daß dadurch doch die Vernunft im theoretischen Erkenntnisse erweitert, sondern nur die Möglichkeit, die vorher nur Problem war, hier Assertion wird, gegeben, und so der praktische Gebrauch der Vernunft mit den Elementen des theoretischen verknüpft wird. Und dieses Bedürfnis ist nicht etwa ein hypothetisches, einer beliebigen Absicht der Spekulation, daß man etwas annehmen müsse, wenn man zur Vollendung des Vernunftgebrauchs in der Spekulation hinaufsteigen will, sondern ein gesetzliches, etwas anzunehmen, ohne welches nicht geschehen kann, was man sich zur Absicht seines Tuns und Lassens unnachlaßlich setzen soll."

Zu II, 18. Im Hebräischen besteht die „grammatische Dignität der dritten Person" darin, daß jedes Konjugationsparadigma mit der dritten, nicht mit der ersten Person beginnt.

Zu II, 26,2. Vgl. Platon, Theaitetos, 194c–195a, wo Sokrates – im Zusammenhang des Vergleichs der wahrnehmenden Seele mit einem Wachsblock – über die Möglichkeit des falschen Vorstellens ausführt: „Dieses nun sagt man entstehe daher. Wenn Jemandes Wachs in der Seele stark aufgetragen ist und reichlich und glatt und gehörig erweicht, dann und bei solchen Menschen sind alle aus den Wahrnehmungen kommenden und in dieses Mark der Seele, wie Homeros die Aehnlichkeit mit dem Wachs andeutend sagt, eingezeichneten Abdrükke, da sie rein sind und Tiefe genug haben, auch dauerhaft, und solche Menschen selbst sind zuerst gelehrig, dann auch von gutem Gedächtniss, ferner verwechseln sie nicht die Abdrükke der Wahrnehmungen, sondern stellen immer richtig vor. Denn sie können ihre festen und geräumig gelegenen Abbilder leicht an das ihnen zugehörige vertheilen, was das wirkliche heisst, und solche Menschen selbst heissen weise. Oder dünkt dich das nicht? Th. Ueberaus sehr. Sok. Wenn nun jemandes Mark rauh ist, welches der in allen Dingen weise Dichter gar loben will, oder wenn es schmuzig ist und nicht von reinem Wachs, oder auch zu feucht oder zu hart: so sind die mit dem feuchten gelehrig zwar, aber auch vergesslich, die mit dem harten aber das Gegentheil. Die aber haariges, rauhes und steiniges oder mit Erde und Schmuz vermischtes haben, die haben auch undeutliche Abdrükke: undeutlich auch die zu hartes haben, denn sie sind nicht tief genug; undeutlich auch die feuchten, denn weil sie sich verlaufen, werden sie bald unkenntlich. Sind sie nun überdies noch aus Mangel an Raum übereinander gedrängt, wenn jemandes Seelchen nur klein ist: so werden sie noch undeutlicher als jene. Denn wenn sie etwas sehen oder hören oder überdenken: so können sie nicht schnell jedem das seinige zuweisen, sondern sind langsam, und weil sie falsch anweisen, so versehen und verhören und verdenken sie sich oftmals, und diese heißen unverständig, und man sagt, dass ihnen das Rechte immer entgeht." (Platons Werke von F. Schleiermacher. Teil 2, Bd. 1. Berlin 1805, S. 289f.).

Zu II, 69. Aristoteles' Unterscheidung der gleichen und ungleichen Liebe findet sich in Buch 8, Kap. 8 der *Nikomachischen Ethik*. Bereits als Student hatte Schleiermacher das 8. und 9. Buch der Nikomachischen Ethik übersetzt und mit kommentierenden Anmerkungen versehen; diese Manuskripte haben sich erhalten und sind in der KGA abgedruckt. Vgl. hier besonders KGA 1,1, S. 13–17 (Kommentar) und 54f. (Übersetzung).

Anmerkungen zur Einleitung zur Dialektik (1833)

Zu S. 123,19. Mit dem neueren Gebrauch des Dogmatismus-Begriffes bezieht sich Schleiermacher auf Schelling, der in den Philosophischen Briefen über *Dogmatismus und Kritizismus* (1795, [2]1809) den seit Kant ausschließlich pejorativen Gebrauch dieses Begriffs eingeschränkt hatte: „Wenn die Kritik der reinen Vernunft gegen den Dogmatismus sprach, so sprach sie gegen den Dogmaticismus, d.h. gegen ein solches System des Dogmatismus, das blindlings und ohne vorhergegangene Untersuchung des Erkenntnißvermögens, errichtet wird. Die Kritik der reinen Vernunft hat den Dogmaticismus gelehrt, wie er Dogmatismus, d.h. ein festbegründetes System des objektiven

Realismus, werden könne.“ (F. W. J. Schelling: Sämmtliche Werke 1,1. Stuttgart/Augsburg 1856, S. 302).

*Zu S. 141,30*ff. Anspielung auf Fichte (Wissenschaftslehre), Hegel (Wissenschaft der Logik) und Schelling, die Schleiermacher unter dem Oberbegriff apriorisch deduzierender Transzendentalphilosophen rubriziert; ähnlich hatte Schleiermacher bereits in seiner Hallenser Vorlesung zur philosophischen Ethik 1805/06 den Standpunkt der Transzendentalphilosophie charakterisiert: „Hievon weichen gänzlich ab die gewöhnlichen Formeln der Transscendental-Philosophie, die ein allgemeines objectives Wissen abstrahirt von aller Individualität sezen will“ (Schleiermacher: Werke. Auswahl. Hg. O. Braun/J. Bauer. Bd. 2, S. 175).

NAMENVERZEICHNIS*

SACHVERZEICHNIS*

* Die Verzeichnisse erfassen den Schleiermacherschen Text (S. 3 bis 151); Querverweise geben synonym gebrauchte Begriffe und ergänzende Belege unter anderen Stichworten an.

Friedrich Schleiermacher in der Philosophischen Bibliothek

Monologen
nebst den Vorarbeiten. 3. Aufl. (Nachdr. d. kritischen Ausgabe v. 1914) mit ergänzter Bibliographie. Mit Einleitung, Bibliographie, Index, Anmerkungen von Friedrich M. Schiele. Erweitert und durchgesehen von Hermann Mulert. Im Anhang: »Neujahrspredigt von 1979« und »Über den Wert des Lebens« (Auszug).
PhB 84. 1978. IV*, L, 198 S. Kart. 36,–

Über die Religion
Reden an die Gebildeten unter ihren Verächtern.
Herausgegeben von Hans-Joachim Rothert.
PhB 255. Nachdruck 1970. XV, 176 S. Kart. 22,–

Brouillon zur Ethik (1805/06)
Auf der Grundlage der Ausgabe von Otto Braun herausgegeben und mit einer Einleitung versehen von Hans-Joachim Birkner.
PhB 334. 1981. XXXIV, 163 S. Kart. 28,–

Ethik (1812/13)
Mit späteren Fassungen der Einleitung, Güterlehre und Pflichtenlehre. Auf der Grundlage der Ausgabe von Otto Braun herausgegeben und mit einer Einleitung versehen von Hans-Joachim Birkner.
PhB 335. 1981. XL, 324 S. Kart. 38,–

Ästhetik (1819/25)
Über den Begriff der Kunst (1831/32)
Herausgegeben und eingeleitet von Thomas Lehnerer.
PhB 365. 1984. XXXVIII, 192 S. Kart. 36,–

Dialektik (1811)
Herausgegeben und eingeleitet von Andreas Arndt.
PhB 386. 1986. LXXIV, 115 S. Kart. 36,–

Dialektik (1814/15)
Einleitung zur Dialektik (1833)
Herausgegeben und eingeleitet von Andreas Arndt.
PhB 387. 1988. XXXIV, 177 S. Kart. 36,–

Stand: 1.2.1988

FELIX MEINER VERLAG · HAMBURG

G. W. F. Hegel in der Philosophischen Bibliothek

Neue Studienausgaben auf der Grundlage
der historisch-kritischen Edition
„G. W. F. Hegel, Gesammelte Werke":

Jenaer Kritische Schriften (I)
Differenz des Fichteschen und Schellingschen Systems. Rez. aus der Erlanger Literatur-Zeitung. - Maximen des Journals der Deutschen Literatur. Auf der Grundlage von GW, Band 4.
PhB 319a. 1979. XXVIII, 180 S.
Kt. 24,–

Jenaer Kritische Schriften (II)
Wesen der philosophischen Kritik. - Gemeiner Menschenverstand und Philosophie. - Skeptizismus und Philosophie. - Behandlungsarten des Naturrechts. Auf der Grundlage von GW, Band 4.
PhB 319b. 1983. XXXIX, 212 S.
Kt. 32,–

Jenaer Kritische Schriften (III)
Glauben und Wissen.
Auf der Grundlage von GW, Band 4.
PhB 319c. 1986. XXV, 156 S.
Kt. 28,–

Phänomenologie des Geistes
Auf der Grundlage von GW, Band 9.
PhB 414. 1988. Ca. XLII, 598 S.
Kt. ca. 36,–; Ln. ca. 48,–

Jenaer Systementwürfe I
System der spekulativen Philosophie - Fragmente aus Vorlesungen zur Philosophie der Natur und des Geistes. Auf der Grundlage von GW, Band 6.
PhB 331. 1986. XXXVII, 238 S.
Kt. 38,–

Jenaer Systementwürfe II
Logik, Metaphysik, Naturphilosophie. Auf der Grundlage von GW, Band 7.
PhB 332. 1982. XXXIV, 388 S.
Kt. 38,–

Jenaer Systementwürfe III
Naturphilosophie und Philosophie des Geistes.
Auf der Grundlage von GW, Band 8.
PhB 333. 1986. XL, 319 S.
Kt. 38,–

Wissenschaft der Logik. Erster Band. Die objektive Logik. Erstes Buch. Das Sein (1812)
Auf der Grundlage von GW, Band 11.
PhB 375. 1986. LIII, 320 S.
Kt. 28,–

FELIX MEINER VERLAG · HAMBURG